일생을 바꾼 40일 금식기도

일생을 바꾼 40일 금식기도

한상휘

2판 1쇄 / 2009. 10. 20

펴낸이 / 최헌근
펴낸곳 / 말씀과만남
등록번호 / 제20-444호
등록일자 / 1991. 6. 19

138-220 서울특별시 송파구 잠실동 339-3
전화 / 070-7531-6321 팩스 (031)594-6328
전자우편 / mmpress@hanmail.net

ISBN 978-89-7508-229-0 (03230)

정가 : 7,000원

일생을 바꾼

40일 금식기도

한 상 휘 지음

말씀과만남

김삼환 총회장 추천사 _

  기도는 만사(萬事)를 변화시킵니다. 기도는 삶의 원동력이요, 기도는 인생의 마스터키입니다. 기도로 자기위치를 회복하고, 기도로 축복의 계절로 바꾸어야 합니다. 그 길이 바로 예수님을 찾는 길이요, 예수님을 찾는 길이 40일 금식기도(禁食祈禱)를 하는 길입니다.

  40일 금식기도는 가정문제가 해결되고, 사업문제가 해결되며, 자녀의 진학 문제가 해결되고, 결혼문제, 직장문제가 해결되며, 사업문제가 해결되고, 태의 열매가 맺어지며, 40일 금식기도는 모든 것을 이기는 원동력이 됩니다. 죄악을 이기고, 근심, 걱정, 질병, 절망을 이기고, 세상을 이기며, 사망 권세를 이기고, 영생복락을 누리게 합니다. 40일 금식기도는 치병의 역사(役事)가 있으며, 암, 비만증, 장기질환, 간질환, 심장병, 만성질환이 예수 권능의 손에 붙들려서 깨끗이 고침을 받습니다. 비관, 우울, 원망, 실망, 공포, 증오,

불안, 초조, 성냄, 자기포기, 절망, 정신병, 마귀에 사로잡힌 자가
예수의 이름으로 금식기도하면 깨끗이 치유됩니다. 또한 40일 금
식기도는 겸손, 충성, 절제, 용기, 근면, 소박, 근검, 절약, 수수함,
봉사, 희생, 헌신, 사랑하고 전도하는 성도로 근본적으로 바뀌어 집
니다.

한 목사의 38년간 목회 속에 신성교회 22년 목회를 하면서 하나
님의 섭리로 지금부터 17년 전, 40일 금식기도와 새 성전을 건축봉
헌, 신성교회 부흥, 등등 이 책을 보면서 금식기도 하는 사람들에게
지침서가 되기를 바라면서 추천합니다.

명성교회 당회장
대한예수교장로회총회 총회장
김삼환 목사

머리말 _

　기도는 만사를 변화시킵니다. 죄 중에 가장 무서운 죄는 기도하지 않는 죄요, 선물 중에 가장 큰 선물은 기도의 선물입니다. 기도는 사람을 온유하게 만들고 강하고 담대하게 만듭니다. 기도는 사람을 사랑하게 만들고 아름다운 열매를 맺게 합니다. 기도는 삶의 원동력이요, 기도는 인생의 마스터키(Master Key)입니다.

　오늘의 현대인들은 방황하고 있습니다. 부정적 자기를 형성하므로 상처받고 자기설자리를 잃어버린 자아상실 자기규범도 자기기준도 상실하여 삶의 궤도를 잃어버린 탕자의 위기 속에 있습니다. 이제는 생명의 본향을 찾아야 합니다. 자기 위치를 회복해야 합니다. 축복의 계절로 바꾸어야 합니다. 그 길이 바로 예수님을 찾는 길이요, 예수님을 찾는 길이 40일 금식기도를 하는 길입니다.

　40일 금식기도는 모든 문제 해결의 원동력입니다. 금식기도는 가정의 불화가 평화로 바꾸어지며, 가난이 부함으로 바꾸어지고, 불신앙이 뜨거운 신앙으로 바꾸어집니다. 40일 금식기도는 믿음으로 한 가정이 이루어지고, 가정문제가 해결되고, 사업문제가 해결되며, 자녀의 진학문제가 해결되고, 결혼문제, 직장문제가 해결되고, 태의 열매가 맺어지며, 가는 길이 형통하게 됩니다.

　40일 금식기도는 모든 것을 이기는 원동력입니다. 죄악을 이기고, 근심걱정을 이기고, 마귀를 이기며, 실패를 이기고 승리하게 하며, 절망을 이기고 세상을 이기며, 사망권세를 이기고, 영생 복락을 누리게 합니다.

　40일 금식기도는 치병의 역사가 있으며, 너무 많이 먹어서 온갖 질병에 시달린 사람들에게 큰 희망을 줍니다. 암, 비만증, 장기 질환, 절망, 정신병, 간질환, 심장병, 만성질환에 시달렸던 사람들이 예수 권능의 손에 붙들려서 깨끗이 고침을 받습니다.

비관, 우울, 원망, 실망, 공포, 증오, 불안, 초조, 성냄, 자포자기, 절망, 정신병, 마귀에 사로잡힌 자가 예수의 이름으로 금식기도하면 깨끗이 치유됩니다. 또한 40일 금식기도를 하면 언행일치로 바뀌어져서 겸손, 충성, 절제, 용기, 정의, 근면, 소박, 근검절약, 수수함, 봉사, 희생, 헌신, 사랑하고 전도하는 성도로 근본적으로 바꾸어집니다.

이 책은 필자가 38년간 목회를 하면서 하나님의 섭리로 40일 금식기도를 할 수 있게 해 주시고, 아름다운 새 성전을 건축하여 봉헌예배를 드리게 하시며, 신성교회를 부흥하게 하시고, 미국 맥코믹 신학대학원에서 목회학 박사까지 받게 하신 하나님께 영광을 돌리며 귀한 체험 수기로 이 책을 저술하였습니다.

이 책이 나오기까지 배후에서 기도해 주시다가 소천하신 저의 모친 김순남 권사님과 아내와 자녀들, 신성교회 당회원과 교우들, 정덕기 부목사님과 정진선 부목사님, 물심양면으로 도와주신 분들에게 감사를 드립니다.

이 책을 통해서 40일 금식기도하실 분들과 단기간 금식하실 분들에게 큰 힘이 되시기를 바라며 하나님께 영광을 돌립니다.

한 상 휘 목사

제 1 장
서 문

영등포노회 노회장

한국 땅에 기독교가 들어 온 지 금년으로 125년이 지난 오늘 기독교인이 1,200만을 넘었습니다. 이렇게 한국교회의 성장은 내적으로는 영적 능력에 힘입은 것이요, 외적으로는 성도들의 열심에 힘입은 것이라 할 수 있습니다. 하루를 시작하며 드리는 새벽기도, 온 밤을 지새우며 열심히 드리는 철야기도, 때를 따라서 일체의 음식을 먹지 않고 열정적으로 드리는 금식기도를 통한 영적 부흥이 한국교회에 큰 영향을 준 것은 사실입니다.

오늘 현대인은 과학주의로 현대의 문제를 해결하고자 하기에 어려움은 더 커지고 있으며, 또한 물질주의, 이성주의, 무신주의, 우상주의로 인생 문제를 해결하고자 하기에 문제는 더 커지고 있습니다. 점점 개인주의로 기울어져서 하나님을 멀리 떠나서 사는 시대가 되었고, 국가적으로는 정치, 경제, 사회, 교육, 문화의 부정부패로 나라는 전락되어 악취가 세상을 뒤엎고 있으며, 종교까지도 믿을 수 없는 세상이 되었습니다.

요즈음 권력가나 학벌주의 자들은 권력으로, 금력으로, 실력으로, 이기고자 하나 더 깊은 불신으로 추락하고 있습니다. 오늘도 수많은 사람들이 죄악의 깊은 골짜기에 인생의 공허함과 허탈감, 불안감과 초조 속에서 살아가고 있고, IMF의 고통과 전국적인 수해의 아픔은 치료하기 어려운 상처로 남았습니다.

이러한 때에 금식기도는 사람의 만사를 변화시키는 능력이요, 삶의 원동력이요, 인생의 마스터키와 같으며, 금식기도는 인생의 저수지요, 가장 좋은 열매를 맺으며, 가장 아름다운 하나님의 역사도 일어나게 합니다. 성도들의 신앙은 금식기도를 통해서 영적으로 더 성장하고, 성숙해지며, 우리가 섬기는 교회도 날마다 성장해 갑니다.

우리가 육신을 위해서 음식을 먹고 호흡하는 것처럼 성도는 하나님의 말씀을 먹고 금식기도를 드림으로 새 힘을 얻고 힘 있게 살아

갈 수 있습니다. 그렇다면 성도들에게 금식기도는 과연 무엇입니까? 금식이란 일체의 음식을 먹지 않으며 일정한 시간을 정하고 절제하는 것입니다.

기도란 성도의 영혼이 하나님과 교제하는 것이요, 영적으로 대화하며, 영적으로 호흡하는 것입니다. 그러므로 기도는 하나님께 간절히 구하는 것이요, 하나님의 뜻을 찾는 것이요, 하나님께서 주시는 응답을 두드려서 얻는 것입니다. 그렇기 때문에 쉬지 말고 기도하고, 규칙적으로 기도하고, 바쁘고 힘들 때에도 계속해서 기도해야 합니다.

하나님께서 성도들에게 주시는 특권이 예배요, 찬송이요, 기도요, 말씀이요, 은혜요, 기쁨이요, 축복입니다. 하나님께서 주시는 능력과 영력은 영적인 호흡이요, 생명의 원천인 금식기도를 통해서 하나님께 받는 축복입니다.

성도들에게 금식기도는 이기게 하는 역사가 일어나고, 자신을 이기고, 정욕을 이기고, 죄악을 이기고, 질병을 이기고, 마귀를 이기고, 세상 삶의 어려움을 이기고, 사망권세를 이기는 역사가 일어나게 합니다. 하나님께서 주시는 능력을 받고, 영력 있게 살아가며, 응답 받는 비결이 금식기도입니다.

금식기도는 성령 충만한 은혜를 받게 하고, 영력과 능력을 받게 하고, 영적 능력으로 모든 질병을 고치게 하며, 기도한 것은 반드시 응답을 받게 합니다. 금식기도는 영적 능력을 받는 지름길입니다. 그러므로 모든 음식을 끊고 절제하면서 기도해야 합니다.

성경에는 음식 때문에 시험 든 사건이 여러 곳에서 나옵니다.

첫째, 창세기 3장에서 아담과 하와가 하나님이 금하신 선악과를 따먹음으로 하나님께 불순종하여 에덴동산에서 쫓겨난 일이 있습니다.

둘째, 창세기 25장에서 이삭의 장자 에서는 팥죽 한 그릇에 장자의 명문을 동생 야곱에게 팔아넘김으로 일생 동안 장자의 축복을 누리지 못사는 세월을 살았습니다.

셋째, 사무엘상 2장에서 엘리 제사장의 아들 홉니와 비느하스는 먹지 말아야 할 하나님의 제물을 먹음으로 블레셋과 전쟁을 치르다 죽는 일이 있었습니다.

넷째, 다니엘 5장에서 벨사살 왕은 하나님 성전에서만 사용하는 성전기물에다 술을 부어 마시고 취해서 우상을 찬양하다가 하나님께 심판을 받아 멸망을 당했습니다.

오늘의 현대인들은 너무 많은 음식을 먹고 마심으로 비만증에 걸리고, 암, 당뇨병, 동맥경화, 관절염 등 수많은 질병에 시달리고, 고통을 당하고, 세상을 떠나는 사람이 너무 많습니다.

40일 금식기도에는 사람을 살리는 하나님의 능력이 있습니다. 죄악의 깊은 잠에 빠져서 고통과 좌절 속에서 내일을 잃어버리고 하루하루 술과 마약과 각종 약물로 살아가는 이 민족의 가슴속에 살아 계시는 하나님께서 속히 돌아오라고 말씀하고 계십니다. 40일 금식기도 하는 성도들은 마태복은 11장 28절에서 "수고하고 무거운 짐 진 자들아 다 내게로 오라 내가 너희를 쉬게 하리라" 라고 약속하신 예수님의 음성을 들으며 예수 믿기만 하면 누구에게나 함께하시고, 위로하시는 성령님의 역사하심이 나타날 것을 믿어야 합니다.

40일 금식기도는 에스겔 골짜기의 해골과 마른 뼈와 같은 현대인의 가슴속에 성령의 뜨거운 바람을 일으켜 사람의 영혼을 살리고, 우리가 사는 이 시대를 새롭게 변화시키고 있습니다.

40일 금식기도는 인간 중심의 신비주의나 금욕주의가 아닙니다. 신앙생활이 점점 영적 무능력 속에 빠져들고 영적 무관심 속의 매너리즘(Mannerism)에 빠져서, 형식주의에 사로잡혀 예배의 새로운 힘을 잃어버리고, 믿음의 신선한 맛을 잃어버린 성도들이 금식기도를 하면 예배가 신선해지고, 믿음이 활성화되며, 영적 신앙생활이 살아나게 됩니다.

40일 금식기도는 하나님 아버지의 사랑을 체험하고, 예수 그리스도의 구원의 축복을 받으며, 성령님의 함께 하심과 도우심을 받고 살며, 뜨거운 영적 체험 속에 날마다 살아가면서 살아가게 합니다.

40일 금식기도는 모든 성도의 승리의 비결이요, 성공의 비결입니다.

40일 금식기도 중 금식하던 동료들과 함께

제 2 장
40일 금식기도의 의미와 목적

영등포노회 임원들

나의 기뻐하는 금식은 흉악의 결박을 풀어주며 멍에의 줄을 끌러주며
압제 당하는 자를 자유케 하며 모든 멍에를 꺾는 것이 아니겠느냐
(사 58:6)

40일 금식기도는 신앙의 큰 체험 속에 살게 합니다. 신앙생활의
바른 체험은 하나님의 뜻을 깨닫게 하며, 몸소 실천에 옮기는 예수
그리스도의 정병이 되게 합니다.

그러한 의미에서 40일 금식기도는 생명을 살리며, 진리 안에서
살게 하며, 성령께서 역사하게 하시며, 우리로 사랑을 나누어주며
살게 합니다.

1. 성경에서의 금식기도의 의미

(1) 성경에서의 금식 의미

첫째, 구약성경에서의 금식은 히브리어 촘(םוצ)이며 그 뜻은 금
식, 단식이라는 의미를 가지고 있으며, 식물을 먹지 않는다는 의미
로 사용하고 있습니다.(느 9:1. 삼하 12:16. 에 9:31)

둘째, 신약성경에서 금식은 헬라어로 네스튜오(νηστεύω)이며
그 뜻은 굶주린(Hungru), 먹지 않는(Not eating)의 뜻을 가지고 있습
니다.(막 2:18. 눅 5:33)

성경에 나타난 금식은 종교적 계율로서 음식을 절제하며, 개인적
인 금식과 단체적인 금식을 모두 포함하고 있습니다.(막 2:18. 눅
5:33)

(2) 사전에서의 금식의 의미

첫째, 영국 브리태니카 사전(Britannica Dictionary)에서 금식이란

음식과 음료수를 삼가고, 음식을 의식적(意識的), 신비주의적, 금욕주의적, 종교 윤리적, 목적으로 절제하는 것이라고 정의하고 있습니다.

둘째, 웹스터 사전(Webster Dictionary)에서는 금식(Fasting)을 음식을 끊는 것이라고 했습니다.

셋째, 우리나라 사전에서는 금식을 일정한 계율을 지키기 위하여서나 또는 어떤 결심을 보이기 위하여 음식을 먹지 않는 것이라고 정의하고 있습니다.

(3) 영어 성경의 금식의 의미

영어 성경에서의 금식은 하나님 앞에서 자신을 낮추고 하나의 수단으로 자의에 의해서 일반적으로 오랫동안 먹는 것을 절제함을 의미합니다. 금식은 회개의 표시로 간절한 기도와 함께 행하여 졌습니다.

2. 성경에서의 금식기도의 목적

금식기도의 목적은 인간 중심이나 인간의 방법으로 하는 것이 아니라 하나님 중심으로 하며, 성경에서 하나님께서 가르쳐 주신 방법으로 금식기도를 해야 합니다. 금식기도를 드림으로 하나님으로부터 영적 구원의 능력을 받고, 육적인 복도 하나님께 받으며, 육신의 건강도 하나님께서 허락하시므로 그 목적을 이룰 수 있습니다.

(1) 회개하는 목적의 금식기도(창 7:19. 욘 3)

사람마다 지나치게 과식하며 온갖 죄악 쪽에 빠져 살아가고 있습니다. 맛있다고 먹고, 영양분 있다고 먹고, 보기 좋아서 먹고, 허영으로 먹고, 탐욕으로 먹고, 맛본다고 먹고, 습관적으로 먹고, 초대받아 먹고, 의리로 먹고, 교제상 먹고, 공무상 먹고, 소문 듣고 먹고 등 등 여기에서 온갖 죄악이 시작됩니다.

이제 성도들은 지난날 하나님의 뜻대로 살지 못했으며, 먹어서는 안 되는 것을 함부로 먹고살았던 것을 금식기도하며 회개해야 합니다. 겸손하게 자기를 낮추며 하나님의 도움을 받으며 살아야 합니다.

이스라엘 백성들은 노아 시대에는 물 심판, 아브라함 시대에는 소돔과 고모라가 불과 유황으로 심판을 받았습니다. 그러므로 죄지은 백성은 반드시 회개하며 금식기도를 해야 합니다.

요나 시대에 니느웨 성의 벽성들은 왕으로부터 어른, 어린아이, 짐승까지 붉은 베옷을 입고 금식하며 회개하며 기도할 때, 하나님께 용서를 받아 모두 심판을 면하고 구원받는 역사가 일어났습니다.

이스라엘 백성들은 7월 10일 대 속죄일에 굵은 베옷을 입고, 재를 무릅쓰고, 울며 금식하며 회개기도를 드릴 때 죄 사함을 받고, 병 고침을 받고, 하나님의 축복을 받았습니다.

오늘 성도들도 자신의 교만과 욕심을 버리고 불신앙, 불충성, 불순종을 회개하며 금식기도를 드릴 때 하나님은 용서하시고, 구원하시고, 축복을 허락하십니다.

(2) 치료받을 목적의 금식기도(왕하 20장, 막 9장, 요 5장, 11장, 행 3장)
현대인들은 많은 질병에 시달리면서 살아가고 있습니다.

첫째, 마음의 병입니다. 불안하고, 근심, 걱정, 노이로제, 신경쇠약, 정신이상 등의 질병에 시달리면서 살아갑니다.

둘째, 육신의 병입니다. 암, 관절염, 폐결핵, 신경통, 축농증, 심장병, 담석증, 기관지 천식, 위장병, 무좀, 간질병, 당뇨병으로 고달프게 살아가고 있습니다.

셋째, 영적 질병입니다. 귀신 들림, 마귀에게 사로잡힘, 벙어리, 앉은뱅이, 38년 된 병자, 12년 혈루병으로 고달프게 살아갑니다.

넷째, 사망에 이릅니다. 야이로의 딸, 나인성 과부의 아들, 나사로 등 모두 죽었던 자리에서 예수님 만나고 다시 살아났습니다.

예수님은 기도하시어 모든 질병을 치료해 주셨고, 죽은 자들도 살려 주셨습니다. 오늘의 우리 성도들에게는 금식기도를 통해서 육신의 질병도 치료하게 하시고, 영혼의 질병도 하나님의 치료의 광선을 발하게 하셔서 모두 치료해 주십니다.

(3) 모든 문제 해결 목적의 금식기도(행 12장 빌 4장)

사람마다 어려운 문제들이 있습니다. 가정문제, 자녀문제, 진학문제, 결혼문제, 직장문제, 부부간의 갈등문제, 고부간의 갈등문제, 태의 열매문제, 사업문제 ,이 모든 문제는 천지를 창조하신 하나님께서 해결하실 수 있습니다.

금식기도는 하나님의 도우심과 보호하심을 받으며 모든 문제 해결의 열쇠가 됩니다. 국가에도 문제가 많습니다. 남북통일 문제, 정치문제, IMF의 환난, 수해의 고통, 이 모두를 하나님께 맡기고 우리 민족 모두가 하나님께 금식하며 부르짖어 기도하면 하나님께서 모두 해결해 주십니다. 사도행전 12장에서 감옥에 갇힌 베드로를 위해 철야하며, 금식하며 기도했던 초대교회 성도들의 기도를 하나님께서 들으시고, 천사를 보내 주셔서 감옥 문을 열어 주심으로 베드로가 구출되어 문제가 해결되는 축복을 체험했습니다.

빌립보서 4장에서는 아무것도 염려하지 말고 기도하면 하나님께서 반드시 해결해 주신다고 하셨습니다.

(4) 물질 축복 목적의 금식기도(말 3장, 사 58장)

성도들이 금식하며 기도드리고 하나님께 물질을 드릴 때 하나님은 재물의 축복을 반드시 주십니다.

주전 400년경 구약 마지막 선지자 말라기는 3장에서 이스라엘 백성에게 하나님께 기도하고 경건한 마음으로 십일조와 헌물을 하나님께 드릴 때 하나님은 성도들의 창고가 차고 넘치게 하시고, 황충을 금하고, 기한 전에 떨어지지 않게 하시는 축복을 주신다고 약속하셨습니다.

이사야 58장에서의 금식기도는 흉악의 결박을 풀어 준다고 했습니다. 주일을 온전히 지키면 여호와 안에서 즐거움을 얻고, 땅의 높은 곳에 올리고, 조상 야곱의 업을 주십니다.

(5) 성령 충만 목적의 금식기도(행 1~2장, 9장)

예수님께서 승천하신 후에 제자들과 120 성도들은 마가 다락방에 모여서 성령을 받기 위해 간절히 하나님께 전심으로 기도드렸습니다. 그들은 금식기도를 하며, 철야 기도를 하며, 새벽기도를 했습니다. 그래서 열흘만인 오순절 날에 성령 충만한 은혜를 체험했습니다.

사도행전 9장에서 사울은 다메섹 도상에서 예수님을 만나고 3일 동안 금식하며 기도드린 후에 아나니아가 찾아와서 안수하고 기도하여 성령 충만을 체험하고 사울이 바울로 이름이 바꿔지고 이방인을 구원하는 대 사도가 되었습니다.

(6) 영적 신앙 성장과 부흥 목적의 금식기도(행 10장)

금식기도는 교회도 성장하고 개인도 성장하게 합니다. 그리고 성도들이 시험을 이기고, 환난을 이기고, 영적 능력을 받게 하며, 하나님의 사랑과 은혜를 많은 사람에게 나누어 줄 수 있게 합니다.

고넬료는 이방인이요, 군대의 백부장인데, 하나님을 경외하고 백성을 많이 구제하며, 하나님께 항상 기도하여 주의 사자 베드로를 만나게 되었고, 고넬료도 성령 충만으로 영적으로 신앙이 성장하였고, 이방인들도 성령 충만으로 신앙의 영적성장을 가져옴으로 큰 부흥의 역사가 일어났습니다.

40일 금식기도 중 가족과 함께
(아들 한신, 아내, 본인, 큰딸 소영, 작은딸 신영)

제 3 장
성경에 나타난 40일 금식기도

40일 금식기도 들어가기 전 당회원과 권사들

성경에는 40일 금식기도를 통하여 하나님의 능력을 체험하고, 국가를 살리며, 수많은 사람들을 하나님께로 인도했던 지도자와 선지자들이 있습니다. 성경에 보면 금식기도를 통해 인간 힘으로 할 수 없는 일들을 해결하는 놀라운 능력이 나타나기도 하고, 죽을병에서 살아나기도 하며, 기적과 이적과 하나님의 역사가 이루어진 것을 알 수 있습니다.

1. 구약성경에서의 40일 금식기도

(1) 모세의 40일 금식기도

출애굽기 17장에서 출애굽 후 이스라엘 백성이 호렙산 근처 르비딤에 이르렀을 때 아말렉의 침입을 받았습니다. 지도자 모세가 산에 올라가 손을 들고 기도할 때 아론과 훌이 양팔을 받쳐 손이 내려오지 않게 하고, 여호수아와 갈렙이 아말렉과 싸웠는데, 모세는 해가 질 때까지 계속 금식하며 손을 높이 들고 기도드림으로 대 승리를 거두었습니다.

모세의 40일 금식기도는 성경에 세 번 나옵니다. 출애굽기 24장 18절, 34장 28절, 신명기 9장 9절에서 시내산에 올라 40일 금식기도를 하면서 십계명을 받아 하산하던 모세는 이스라엘이 금송아지를 만들어 우상숭배를 하는 모습을 보고 십계명 돌판을 던져 금송아지를 부수는 사건이 있었습니다. 그 후 모세는 다시 40주야로 금식하였고 그 모습을 백성들이 보고 죄를 회개했습니다. 하나님은 모세에게 다시 돌판(십계명)을 주셨습니다.

(2) 한나의 서원하는 금식기도

사무엘상 1장에서 엘리 제사장 시대에 레위인인 엘가나에게 한나와 브닌나라는 두 아내가 있었는데, 한나는 자식이 없어 괴로워하며 하나님이 아들을 주시면 머리에 삭도를 대지 않고 하나님께 아들을 드리겠다고 서원을 하면서 금식하여 기도드림으로 아들 사무엘을 허락 받았고 3남 2녀를 더 얻는 축복을 받았습니다.

(3) 다윗의 회개하는 금식기도

사무엘상 12장에서 다윗 왕은 7일간 회개하며 금식기도를 드렸습니다. 다윗이 신하 우리아를 전쟁에서 죽게 하고, 그 아내 밧세바까지 취했기에 나단 선지자의 책망을 받고 금식하며 7일간 하나님께 기도드려 회개하였기에 성군이 되었습니다.

시편 132편에서 다윗은 성전 건축을 위한 금식기도를 하나님께 드렸습니다. 다윗 시대에는 성전이 건축되지 못했으나, 그 아들 솔로몬 시대에 성전이 건축되어 봉헌되었습니다.

(4) 엘리야의 40일 금식기도

열왕기상 21장에서 북 왕국 이스라엘 7대왕 아합이 시돈의 이세벨과 결혼하므로 전국이 우상 숭배로 기울어질 때 엘리야 선지자는 40일을 금식하며 기도했습니다. 아합 왕을 책망했고, 기도함으로 3년 6개월 동안 땅에 비가 오지 않았고, 다시 기도할 때 비가 내렸습니다. 나봇을 죽이고 그 포도원을 빼앗은 아합 왕을 엘리야 선지자가 책망할 때, 아합 왕은 기도를 드렸기에 하나님께서는 아합의 심판을 늦추셨습니다.

(5) 히스기야의 병 고치는 금식기도

열왕기하 20장에서 유다의 14대 히스기야 왕이 심한 종기로 죽게 되었을 때에 이사야 선지자의 책망을 들은 히스기야가 얼굴을 벽으로 향하여 앉아 전심으로 통곡하면서 금식하며 회개의 기도를 드림으로 15년의 생명을 연장 받았습니다.

(6) 에스더의 국가를 구한 금식기도

에스더 1-10장에 보면 에스더가 바사의 아하수에로 왕의 왕비로 있을 때에 모르드개가 왕궁 문지기로 있으면서 국무청리 하만에게 절하지 않음으로 하만이 유대인을 모두 죽이기로 작정하고 조서를 발표할 때, 에스더가 3일을 금식기도하고 "죽으면 죽으리라" 하고 왕께 나아감으로 하만이 죽고, 유대인이 모두 살아나는 역사가 일어났습니다.

(7) 요나의 사명을 위한 금식기도

요나서 1-2장에서 북왕국 이스라엘 13대 왕 여로보암 2세 때 아밋대의 아들 요나가 앗수르의 수도 니느웨에 가서 복음을 전하라는 말씀을 거역하고 다시스로 도망가다가 큰 풍랑을 만나 바다에 던져진 다음 물고기 뱃속에서 3일간 금식하며 기도드림으로 살아나서 니느웨 성에 복음을 선포하여 니느웨 성이 구원을 받게 되었습니다.

(8) 욥의 간절한 금식기도

욥기 3장에서 욥은 동방에서 가장 큰 부자요, 10남매의 자녀가 있었는데, 재산과 자녀를 모두 잃고 몸에 악창이 나서 죽게 되었을 때에 하나님께 간절히 금식기도를 드려 갑절의 축복을 받게 되었습니다. (욥 42장)

(9) 다니엘의 국가를 구한 금식기도

다니엘 2장에서 다니엘은 바벨론 느부갓네살 왕의 총애를 받고 총리가 되어 일하자 다른 총리와 관료들이 시기하고 함정에 빠뜨리고자 왕의 신상에 절하지 않으면 풀무불에 던져지게 계략을 세웠으나 하나님이 살려 주셨고, 또 다니엘 6장에 보면 왕 외에 다른 신에게 기도하면 사자 굴에 넣기로 금령을 세웠습니다. 그러나 조서에 어인이 찍힌 줄 알고도 다니엘은 하루에 세 번 예루살렘을 향한 창문을 열고 금식하며 기도드리다가 사자 굴에 던져졌으나 하나님의 축복과 보호를 받아서 형통하게 살았습니다.

⑩ 미스바 금식기도 성회

사무엘상 7장에서 이스라엘이 블레셋 침략을 받아 국가의 안위가 위태할 때 사무엘 선지자가 이스라엘 백성을 미스바로 모이게 하고 금식하며 기도하여 블레셋을 물리치는 대 승리를 거두게 되었습니다.

⑪ 대 속죄일에 금식기도

스가랴 8장에서 유다 백성이 바벨론 포로 시절과 귀환시대에 1년에 네 차례 4월, 5월, 7월, 10월 금식하며 기도를 했습니다. 5월은 예루살렘 성전이 불타는 날이요, 7월 10일은 대 속죄일이며, 4월과 10월은 예루살렘이 공격을 받고 함락된 날을 기억하면서 하나님께 매달리며 금식하며 통회하며 기도했습니다.

2. 신약 성경에서의 40일 금식기도

신약성경에 나타난 금식기도는 오늘 예수 믿는 성도들에게 실제적인 교훈을 주고 있습니다. 신약성경의 금식기도는 구약성경의 금식기도보다 더 구체적이고 실제적입니다.

⑴ 예수님의 40일 금식기도

마태복음 4장과 누가복음 4장에서 예수님은 공생애를 시작하기 전에 성령에 이끌리어 40일 금식기도를 하셨습니다. 예수님은 40일 금식기도 후에 물질시험, 명예시험, 권세시험, 세 가지 시험을 마귀들에게 받았으나 말씀으로 모두 물리치고 인류 구속의 위대한 역사를 시작하셨습니다.

(2) 바울의 금식기도

사도행전 9장에서 바울은 이방인을 구원하는 사도가 되기 전에 3일간 금식하면서 기도 드렸고, 27장에서는 바울이 복음을 전했다는 이유로 로마로 호송되어 가다가 폭풍을 만나서 276명이 14일 동안이나 금식하며 기도드릴 때, 하나님께서 응답을 주셔서 무사히 로마에 가서 전도사역을 다 할 수 있었습니다.

(3) 고넬료의 금식기도

사도행전 10장에서 로마군대 백부장은 하나님께 금식기도를 드리고 베드로 사도를 초청해서 물세례와 성령세례를 체험하는 역사가 일어났습니다.

(4) 귀신들린 소년을 고치는 금식기도

마가복음 9장에서 예수님은 베드로, 야고보, 요한 세 제자를 데리고 변화산으로 가셨습니다. 그때 산 아래에서 벙어리 되고 귀신들린 아들을 제자들에게로 데리고 온 사람이 있었는데 고치지 못했습니다. 예수님은 말씀으로 귀신을 쫓아내고 소년의 병을 고쳐 주셨습니다. 예수님은 "기도 외에는 다른 것으로는 이런 유가 나갈 수 없느니라"(막 9:29) 하시며 금식기도를 통해서 귀신을 쫓아 낼 수 있다고 하셨습니다.

(5) 오순절 금식기도

사도행전 1-2장에서 예수님께서 승천하신 후에 예수의 제자들과 120명의 성도들과 예수님의 모친 마리아와 예수님의 아우들이 마가 다락방에 모여서 10일 동안 금식하며 기도드리다가 오순절 날 성령 충만을 받고 방언 은사를 받았으며 담대하게 복음을 전파하게 되었습니다.

3. 성경의 금식기도에 대한 교훈

(1) 유월절 무교절

애굽에서 이스라엘이 해방된 것을 기념하면서 7일 동안 금식하며, 기도하며 유월절을 보냈습니다. (출 12장)

(2) 부림절

에스더와 유대인이 금식기도를 통해서 살아난 이 날을 기념하여 지키는 절기입니다. (에 9장)

(3) 대 속죄일

7월 9~10일은 대제사장이 지성소에 들어가는 날로, 이스라엘 백성이 하루 금식기도를 드리며 하나님과 화해하는 날로 지키고 있습니다. (레 23장)

(4) 사순절

예수님께서 40일 금식기도 하신 일을 기념하면서 부활절 전까지 40일 동안 금식하는 절기입니다. 이때 금식기도하면서 이 절기를 지킵니다.

⑸ 이사야 58장의 금식기도

주전 739년에 이사야 선지자는 금식기도에 대한 교훈을 했습니다. 금식하는 날은 오락을 금하고, 일을 하지 말고, 다투지 말라고 했습니다.

올바른 금식은 흉악의 결박을 풀어 주며, 멍에의 줄을 끌러 주고, 압제 당한 자를 자유케 하며, 모든 멍에를 꺾습니다. 주린 자에게 식물을 나눠주며, 빈민을 집에 들이고, 벗은 자를 입히며, 서로 도와주고, 사랑하는 것이 올바른 금식기도입니다.

⑹ 금식기도에 대한 예수님의 교훈

마태복음 6장에서 바리새인들은 월요일과 목요일에 금식하는데 외식적이고 남에게 보이기 위한 금식을 했기에 예수님께서 책망을 하셨습니다. 금식기도를 하려면 머리에 기름을 바르고 얼굴을 씻고 오직 하나님께만 자신을 보이기 위해서 금식기도를 하라고 하셨습니다.

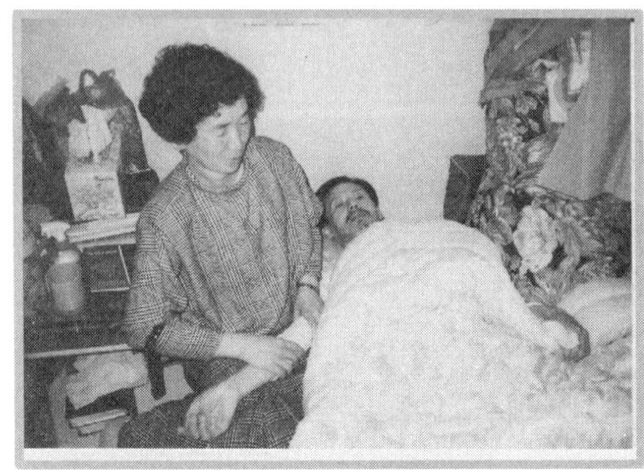

40일 금식기도 중 돌보아주는 아내

32

제 4 장
40일 금식기도의 큰 유익

40일 금식기도를 마치고 3일후

40일 금식기도는 성도들의 신앙생활에 큰 유익을 줍니다. 금식 기도를 마친 후에는 교회에서, 가정에서, 사회에서 큰 기둥처럼 일하며, 영육 간에 한결 같이 깊은 은혜의 생활을 하고 있는 것을 체험하게 됩니다.

1. 신앙 건강의 큰 유익

40일 금식기도는 신앙 건강에 대단한 유익을 줍니다.

(1) 영력과 능력 있는 믿음을 얻게 합니다.

성경에 40일간 금식기도를 드림으로 영력 있고, 능력 있는 역사를 이룬 사람이 세 명 있습니다.

첫째, 출애굽기 34장 28절에서 모세는 십계명을 받기 위해 40일간 금식기도를 하였고, 이스라엘의 영적인 지도자인 모세가 손을 들면 언제나 이스라엘이 승리한 것을 볼 수 있습니다.

둘째, 열왕기상 19장 8절에서 엘리야는 호렙 산에서 40야 40주를 금식기도한 후에 천사로부터 먹을 것을 받았습니다. 갈멜 산의 기적도 금식기도의 능력으로 이루어진 하나님의 축복입니다.

셋째, 마태복음 4장 2절에서 예수님은 공생애를 시작하기 전에 40일간 금식하며 기도한 후에 마귀 시험에서 승리하셨고, 열두 제자들을 선택하셨으며, 모든 질병을 고쳐 주시고 죽은 자를 살려 주셨습니다. 예수님의 일생은 기도의 일생이셨으며 십자가에서 돌아가시고 부활하신 후 승천하실 때도 마지막으로 기도하시고 승천하셨습니다.

에스터와 다니엘의 세 친구도 순교적인 신앙을 가지고 금식하며 기도드림으로 영력과 능력 있는 믿음으로 승리하는 삶을 살았습니다.

(2) 40일 금식기도는 체험의 믿음을 얻게 합니다.

기독교가 체험의 종교이기 때문에 40일 금식기도를 드리면 수많은 체험을 하게 됩니다. 천국도 다녀오고 지옥도 체험하게 됩니다. 40일간 금식기도는 20세기 기적이라고 할 수 있습니다. 이론이나 논리를 초월하는 것이 40일 금식기도입니다. 이 기도로 체험적인 신앙을 소유하게 되면 담대한 용기를 가지며 하나님께서 나를 사랑하시고 예수님이 나를 구원하시고 성령님이 나와 항상 함께 계심을 체험하게 됩니다.

(3) 40일 금식기도는 교회가 부흥하는 역사가 있습니다.

한국 교회 선교 114년 동안 수많은 크고 작은 교회가 세워지고 세계 선교에 큰 역사를 이루었습니다. 방방곡곡에 복음의 역사가 일어나고, 전도의 열기가 불붙고, 기도의 불길이 타오르고 있습니다. 교회에 기도의 불이 꺼진다면 교권 싸움, 불화, 분열, 시기, 질투, 죄악이 가득하여 부흥의 불이 꺼질 것입니다. 40일 금식 기도하는 사람이 한 교회에 2~3명이 있으면 회개의 운동이 일어나고, 겸손의 운동이 일어나며, 화목의 운동이 일어나고, 기도의 운동이 일어나므로 계속 교회가 부흥하는 역사가 일어나게 됩니다.

(4) 40일 금식기도는 축복 받는 가정이 되게 합니다.

금식기도는 가정에 축복을 가져옵니다. 엘리 제사장의 기도 부족 탓에 사무엘상 2장 31~33절에 보면 네 집에는 영영토록 노인이 없을 것이라고 책망을 받았습니다. 기도하지 않는 가정은 술, 담배 , 마약, 도박, 불량배에 끌려 다니게 됩니다. 그러나 40일 금식기도를 하게 되면 가정의 풍랑이 잠잠해지고, 부모형제가 화목하며, 자녀들이 교회 기둥처럼 일하고, 마음들이 모두 긍정적으로 바뀌어져서 국가의 큰 인물들이 됩니다.

필자는 교회를 건축한 후 하나님의 은혜에 감사하며 40일 금식기도를 하게 되었는데, 그 결과 교회를 부흥하게 하시며 가정에 평안과 교회에 평안을 주셔서 날마다 하나님께 감사하면서 충성 , 봉사, 헌신하고 있습니다.

2. 육신 건강의 큰 유익

40일 금식기도는 육신 건강에 대단히 좋은 은혜와 축복이 됩니다.

병원에 가면 의사들도 절식과 절제 생활이 건강의 열쇠가 된다고 주장합니다. 위장병을 고치려면 사흘을 굶어야 한다는 선조들의 말씀이 생각납니다. 병든 사람은 음식을 많이 먹지 말고 절제해야 합니다. 그런데도 불구하고 현대인들은 병을 고치기 위해서 더 많은 영양을 섭취하며, 좋은 약을 많이 사용해야 한다고 말합니다.

그러나 40일 금식기도를 은혜 가운데 잘 마치면 온갖 질병이 없어지고 인간으로는 상상할 수 없는 건강의 기적이 몸에 일어나게 되는 것을 체험하게 됩니다. 몇 가지의 사례를 살펴보겠습니다.

미국 의사 프랭크 맥코이는 〈건강에 대한 금식법〉이라는 책에서 오늘날의 외과 수술법과 심리적 치료법을 연구했으나 금식보다 더 효과적인 법은 아직까지 발견하지 못했다고 주장했습니다.

영국 의사 카링톤은 금식기도의 효과에 대해서 병약자도 건강한 사람도 금식하는 것이 장수의 비결이라고 주장했습니다. 모든 발병의 원인은 다량의 음식물 섭취에 있다고 했습니다. 음식물이 소화되지 않고, 흡수되지 않고, 배설되지 않고 체내에 쌓이면 그것이 혈관을 막아 질병의 원인이 된다고 합니다. 그러나 금식기도를 하면 체내의 대청소가 이루어져서 질병의 원인이 제거되고 완전히 완치

된다고 주장합니다.

또한 의사 맥코이 박사는 〈금식과 건강〉이라는 책에서 모든 질병의 원인은 혈액순환의 불량으로 탁해진 피가 모든 기능에 장애를 일으키고 있기 때문에 종기, 암, 결핵, 기관지염, 난소와 자궁의 장애, 좌골 신경통 등 모든 질병이 혈행(血行)의 장애에서 일어난다고 합니다.

40일 금식기도를 드리면 맑은 물만 먹음으로 체내의 지방질, 단백질, 탄수화물 등을 완전히 소비하게 됩니다. 맑은 물이 장의 나쁜 부분과 병 세포를 완전히 씻어내어 체외로 배출시킴으로 장의 기능과 혈관이 깨끗해지고, 체질이 개선되고, 피부가 고와지고 젊어짐으로 무병하게 됩니다.

전지전능하신 하나님 앞에 엎드려 금식하며 기도로 구할 때, 하나님의 치료하심과 도우심으로 우리의 생각으로는 상상할 수 없는 치료의 축복이 일어나고 만사에 기적이 일어나게 됩니다.

필자도 40일 금식기도 후 영혼이 맑아지고, 육체의 모든 질병이 씻은 듯이 없어지고, 소화가 잘되고, 눈이 밝아지며, 목소리가 맑아지고, 기억력이 되살아나는 말로 할 수 없는 하나님의 은혜를 받았습니다. 금식기도를 통하여 우리의 믿음과 영혼과 육체를 모두 함께 치료하시고 성장시켜 주시는 하나님의 은혜를 받았습니다.

3. 정신 건강의 큰 유익

영혼과 육체가 청결하게 되면 정신적인 청결도 뒤따르게 됩니다. 건강한 육체에 건강한 정신이 깃든다는 격언이 있습니다. 정신과 육체는 하나이기 때문입니다. 정신상태가 건강하지 못하면 비관, 우울, 원한, 원망, 실망, 공포, 증오, 불평, 중상, 근심 ,불안, 소동,

성냄, 타락 등 비뚤어진 생각을 하게 되고 귀신에게 사로잡히기도 합니다. 사탄(Satan)은 대부분 더러움과 음식을 통하여 유혹합니다.

건강문제 권위자 버나트 맥파든 박사는 우리의 신체가 금식기도를 하는 동안에 고귀한 영적 능력에 긴밀한 영향을 준다는 것을 발표했습니다. 그는 계속되는 금식기도를 통하여 성령의 승화를 체험했습니다. 이 놀라운 사실은 체험자만이 알 수 있으며, 금식기도는 즐거운 안도감을 주고, 즐거움이 솟아오른 생수와 같은 감정이 일고, 영적 교양과 인류에 대한 동정심과 사랑과 이해가 있게 되고, 하나님과 우주와 이웃과의 생활에 있어서 화평을 이루게 된다고 주장합니다.

40일 금식기도를 세 차례 했던 터너 박사는 두 번째 20일 정도에 이르렀을 때에 세상 저편의 놀라운 영광이 그에게 나타났다고 합니다. 터너 박사는 92세까지 살았는데 그가 그토록 장수 할 수 있었던 것은 금식기도 때문이라고 증거 했습니다.

로버트 모르므라는 사람은 세상을 비관하여 자살하려고 70일간 금식했으나 죽지 않았다고 합니다. 오히려 모든 질병이 떠나가고 하나님의 섭리에 감동되어 하나님을 영접했다고 합니다.

40일 금식기도는 육체의 건강은 물론이고 정신적 건강도 완전히 회복시켜 줍니다. 40일 금식기도는 의지력이 강화되고, 두뇌가 개발되며, 인내심이 대단이 커지고, 활동력이 증가되며, 정신력이 통일되고, 인생관이 정립되며, 생활태도가 긍정적으로 변화됩니다.

그렇게 40일 금식기도는 우리에게 믿음을 더하게 하고, 우리의 몸과 정신을 정화하여 우리의 삶을 전적으로 변화시키며, 신앙 건강과 육신건강 그리고 정신건강에 큰 유익을 주는 것을 알 수 있습니다. 이러한 건강의 축복은 성령의 은사이며 하나님의 큰 축복입니다.

제 5 장
40일 금식기도의 준비와 방법

40일 금식기도 중 가족과 함께

40일 금식기도는 일체의 식물을 끊는 것이 사실이지만, 평소 몸 안에 저장해 두었던 영양을 잘 조절해 주고 생리적으로 정상을 유지할 수 있도록 옆에서 보호자가 신앙으로 도와 주어야 하며, 금식기도 할 때 육체적이고 정욕적인 생각을 버리고 누구보다 더 오랫동안 금식해야겠다는 마음가짐이 필요합니다. 40일 금식기도를 원하는 사람은 자기의 형편대로 굳은 신앙과 확실한 목적을 가지고 시작하면 은혜스럽게 할 수 있습니다.

40일 금식기도 전의 준비는 철저해야 합니다. 40일 금식기도는 죽느냐 사느냐 하는 생사의 갈림길에 있는 일생일대의 중요한 일이기 때문에 40일 금식기도 드리기 전에 영혼과 육신이 금식으로 인하여 변화에 적응할 수 있도록 세심하게 주의를 기울여 준비해야 합니다.

1. 분명한 목표를 세워야 합니다.

40일 금식기도는 하나님의 예정과 섭리 안에서 이루어지는 것이므로 금식 기간의 날짜나 채우며 금식기도의 명분만 찾는 외형적인 형태가 되어서는 안 됩니다. 내 자신의 신앙문제, 진로문제, 성격문제, 사업문제, 가정의 화목문제, 경제적 축복, 건강의 축복 등 분명한 목표를 세우고 하나님께 매달려서 부르짖어야 합니다.

다니엘은 이스라엘의 구원과 자유를 위하여 목표를 세우고 3주간 금식기도를 했습니다. (단 6장)

에스더 4장에서는 멸절 위기에 처한 유대 민족을 구하기 위해서 분명한 목표를 세우고 3일 금식하며 기도드림으로 민족이 구원받았습니다.

마태복음 4장에서의 예수님도 공생애 준비를 위하여 40일 금식기도를 하셨습니다. 목표가 올바르고 분명하면 반드시 응답 받고 성공할 수 있을 것입니다.

2. 하나님께 보이도록 해야 합니다.

마태복음 6장에 보면 금식 기도할 때에는 머리에 기름을 바르고, 얼굴을 씻으며, 하나님께 보이도록 기도하면 응답이 온다고 했습니다. 사람에게 보이려고 금식기도하지 말고, 자랑도 하지 말아야 합니다. 언제나 몸가짐을 정결하게 하고, 겸손하게 기도해야 합니다.

3. 겸손한 자세로 해야 합니다.

육신의 정욕, 안목의 정욕, 이생의 자랑을 위해서 사람에게 보이려고 하는 금식기도는 교만해져서 넘어지기 쉽습니다. 내가 이만큼 기도했으면 하나님이 들어주시겠지 이런 기도는 교만의 마귀가 침입하는 적신호입니다. 하나님 앞에서 내가 죄인임을 고백하고 오직 하나님의 독생자 예수 그리스도가 흘리신 보혈의 공로로만 죄가 씻어 지고 구원받는다는 사실을 믿고 겸손한 자세로 금식기도를 해야 합니다. 겸손한 마음으로 40일 금식기도를 드릴 때 불같은 성령의 능력을 체험하고 질병이 사라지며 가정과 교회에 화평이 가득하게 됩니다.

4. 순서를 기억해야 합니다.

"무엇이든지 기도하고 구하는 것은 받은 줄로 믿으라 그리하면 너희에게 그대로 되리라"(막 11:24). 응답 받은 줄로 믿고 기도해야 합니다. 순서는 다음과 같습니다.

첫째주간에는 회개하는 기간이므로 철저히 회개해야 합니다.

둘째 주간은 간구하는 기간으로 세운 목표를 하나님 앞에 놓고 간구해야 합니다.

셋째주간은 믿음의 기간으로 하나님의 능력을 믿고 간구하면 반드시 응답을 받습니다. 분명한 순서를 정하고 순서대로 기도하며, 이미 받은 줄로 믿고 감사하는 마음으로 기도하면 갑절의 축복이 있을 것입니다.

5. 자신의 변화를 경험해야 합니다.

40일 금식기도를 드리면 성령을 충만히 받고, 육신의 건강도 받고, 정신의 건강도 받고, 영적인 건강도 받습니다. 요한복음 3장 3절에서 예수님은 니고데모에게 거듭나야 하나님 나라를 볼 수 있다고 하셨습니다. 40일 금식기도는 몸의 체질을 변화시켜 주어 마음에 가라앉아 있던 죄의 찌꺼기까지도 깨끗이 청소하여 과학을 초월하신 하나님의 능력으로 기도하는 사람을 근본적으로 변화시켜 주십니다.

6. 하나님이 기뻐하는 금식이 되어야 합니다.

이사야 58장에서 하나님이 기뻐하는 금식은 하나님 말씀에 순종하는 것이라고 하셨습니다. 40일 금식을 했다고 할지라도 주님 앞에서는 털끝만큼이라도 의가 될 수 없으며 공적이 될 수 없습니다. 스가랴 7장에서 하나님이 기뻐하는 금식은 진정으로 하나님의 영광을 위해서 해야 한다고 했습니다.

7. 절제할 줄 알아야 합니다.

예레미야 14장에서 절제하지 못하는 금식은 하나님의 책망이 기다린다고 하셨습니다. 40일 금식한 후 절제하지 못하고 과식을 하거나 외식하고 교만의 유혹에 빠지거나 자기 흥분에 빠지면 하나님의 책망을 받게 됩니다. 성령의 열매는 절제라고 했습니다(갈 5:22).

40일 금식 기도자는 철저히 절제할 줄 알아야 합니다. 이것은 자신의 능력으로 되는 것이 아니요, 하나님의 축복으로만 가능합니다.

8. 평상시 규칙적인 금식기도를 해야 합니다.

일주일에 하루나 한 달에 3일의 규칙적인 금식기도 훈련을 받은 후에 40일 금식기도를 시작해야 합니다. 필자는 3개월 동안 하루 한 끼 단식기도를 한 후 40일 금식기도를 시작했습니다.

9. 육체적인 준비가 필요합니다.

40일 금식기도에 들어가기 전에 자극적인 음식, 차, 커피, 술, 담배, 고기를 금해야 합니다. 2~3일간 죽을 먹으면서 준비를 한 후에 장기 금식에 들어가야 합니다.

10. 몸과 장내가 깨끗하도록 준비해야 합니다.

40일 금식 하루 전에 구충제를 먹어야 합니다. 기생충이 남아 있으면 금식 기간에 구토가 나고 복통을 일으킬 수도 있으며 보호식을 해도 체력을 회복하기 어렵습니다.

11. 질병이 있으면 의사의 조언을 들어야 합니다.

영양실조나 신경쇠약, 저혈압, 당뇨병, 결핵 같은 질환을 가진 사람은 금식을 삼가야합니다. 금식하고 싶은 마음이 불타면 2~3일 금식으로 준비한 후 경과를 보아서 하는 것이 좋습니다. 장기금식은 의사나 목사, 교역자의 조언을 듣고 지혜롭게 해야 합니다.

제 6 장
40일 금식기도 중의 주의사항

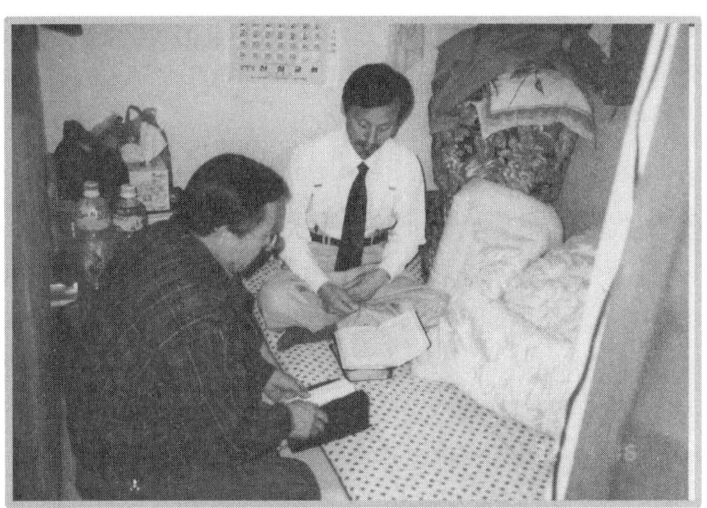

40일 금식기도 중 박귀만 장로와 함께

예비 금식기도 과정을 거쳐서 준비를 완전히 끝내고 본격적으로 40일 금식기도에 들어서기 전에 몇 가지 주의사항입니다. 강한 식욕의 발동을 인내로 극복하고, 금식 후 3~4일 될 때 무력감을 운동으로 해결하고, 금식에 대한 자신감을 믿음으로 키워야 합니다. 자세히 살펴보겠습니다.

1. 2일전 식사를 줄이고 구충제를 먹어야 합니다.

전 장에서도 밝혔지만 구충제를 먹지 않고 금식기도를 하면 계속 구토증세가 나서 금식기도를 하기가 어렵기 때문에 금식기도에 들어가기 2~3일 전에 식사를 줄이고 죽을 먹고 하루 금식기도를 한 후에 구충제를 먹고 12시간이 지난 다음 장내를 깨끗이 씻은 다음에 40일 금식기도를 드리면 성공 할 수 있습니다.

2. 40일 금식기도 중에는 생수를 마셔야 합니다.

매일 6~8컵 이상의 물을 마셔야 합니다. 물을 많이 마실수록 몸에 좋습니다. 3시간 간격으로 물을 한 컵씩 마시는 것이 좋습니다. 금식할 때 나타나는 현상이 있는데 두통, 메스꺼움, 현기증, 재채기, 심한 복통, 느끼한 침, 트림, 하품, 구토증세, 뒤가 아프고, 병세가 더 심해지고, 열이 오르는 증세가 있어도 놀라지 말고 하나님께 맡기고 열심히 기도해야 합니다. 약을 먹거나 주사를 맞지 말아야 합니다.

40일 금식기도는 몸의 각 기관에 활력을 주며 각종 질병이 치료됩니다. 심장병, 위장병, 각종 장 질환, 피부병, 신경통, 류머티즘,

혈관 질환, 고혈압, 당뇨병 등 이러한 질병이 40일 금식기도를 하면서 생수를 계속 마시면 질병이 하나 둘 물 흐르듯이 씻겨 내려갑니다.

영국의 의학박사 카링턴은 40일 금식기도는 위장병, 소화불량, 변비, 간장병, 간장출혈, 비만증, 심장병, 당뇨병, 신경쇠약, 불면증, 두통, 신경통, 류머티즘, 전신마비, 폐병, 천식, 기관지염, 정신이상까지 열여덟 가지 질병에서 고침 받을 수가 있다고 합니다.

미국의 의학박사 터너는 40일 금식기도 후에 흰 머리카락 밑에서 많은 검은 머리카락이 나왔다고 했으며, 금식기도를 드림으로 얼굴의 화장독, 여드름, 기미, 주근깨가 사라지고 비만증도 사라지고 몸이 날씬해지고 아름다워진다고 했습니다.

금식기도 중 몸이 계속 아프거나 고통이 있으면 금식기도를 속히 끝내고 의사의 검진을 받아야 합니다.

3. 적당한 휴식을 취해야 합니다.

금식 초기에는 설사, 호흡 곤란, 체온 저하, 혈압 상승, 맥박수의 불규칙적인 현상이 나타납니다. 이럴 때는 휴식과 넉넉한 수면을 가져야 합니다. 정상적인 상태일지라도 40일 금식기도 기간에는 과로를 삼가고 적당한 휴식을 취하고 몸의 온도를 따뜻하게 하고 방안의 온도도 따뜻하게 해야 합니다.

4. 적당한 운동을 해야 합니다.

금식 기간 중에는 매일 규칙적으로 아침 일찍 일어나고, 규칙적으로 생수를 마시고, 규칙적으로 기도하고 성경 읽고, 가볍게 산책도 해야 합니다. 7일 금식이 지난 때부터는 육체적으로 쇠약해지기 시작합니다. 그러나 이때 잠만 잔다거나 누워만 있으면 기력 상실을 가져오기 때문에 반드시 가벼운 운동을 해서 혈액순환이 잘 되도록 하여 육체가 쇠약해지지 않도록 주의해야 합니다.

5. 몸을 깨끗이 씻어야 합니다.

금식기도 중에 몸에 남아 있는 분비물들이 땀구멍들을 통해서 배출되기 때문에 몸에서 악취가 날 수 있으므로 차거나 뜨거운 물을 피하고 미지근한 물로 샤워나 가벼운 목욕을 해야 합니다. 입에서 악취가 많이 나기 때문에 물로 양치질을 자주하고 될 수 있는 대로 가는 소금으로 양치질을 하면 좋습니다. 그리고 자극성이 있는 비누나 화장품은 사용하지 않는 것이 좋습니다.

6. 40일 금식기도 중 환자의 주의사항

금식기도 중 환부에서 피가 나거나 분비물, 소변, 대변 ,구토, 고름 등이 밖으로 배출되는 과정이 있다면 이는 치료받는 것입니다. 출혈 과정이 있어도 몸이 상쾌해지고 기분이 좋아지는 것을 느끼실 수 있을 것입니다. 그러므로 담대히 나아가야 합니다.

금식 중 계속 환부가 아프거나 각혈이 있으면 금식을 중단하고 의사의 치료를 받아야 합니다. 몸의 상태가 좋아질 때 다시 금식을 시작해도 좋습니다.

7. 겸손한 마음을 가져야 합니다.

금식기도는 겸손해지는 과정입니다. 40일 금식기도를 드리면 많은 체험을 하게 되고 큰 은혜를 받을 수 있습니다. 체험이 크고 은혜가 클수록 더욱 겸손해져야 합니다. 40일 금식기도는 생명을 바꾸는 것이기 때문에 겸손히 하나님께 맡기고 나아가야 합니다.

8. 예배, 성경 읽기, 기도, 찬송을 해야 합니다.

금식기도 기간에도 반드시 예배에 참석해서 하나님께 열심히 예배드려야 합니다. 하나님과의 영적 교제는 계속되어야 합니다.

성경을 많이 읽어야 합니다. 성경을 계속 읽고, 묵상하고, 암송하고, 말씀 속에 살면 하나님의 능력이 나타납니다. 40일 금식기도 기간에는 낮에는 성경을 읽고 밤에는 책을 보지 말아야 눈에 무리가 없습니다. 밤에는 기도하고 묵상하는 시간을 가지는 것이 좋습니다.

기도와 찬송을 많이 해야 합니다. 금식기도는 연단이요 영적 훈련이므로 열심히 기도하면 갖가지 은사를 체험하게 되고 시간가는 줄 모를 정도로 기도 속에 깊이 들어갈 수 있습니다. 열심히 찬송을 부르면 이기는 역사가 일어나는데 대적을 이기고, 질병을 이기고, 세상을 이기고, 마귀를 이기고, 욕심과 정욕을 이기고, 실패를 이기고, 사망권세를 이기고, 반드시 승리하고 성공하게 됩니다.

9. 금식기도 중에는 음식을 먹지 말아야 합니다.

식욕이 맹렬히 고개를 들고 유혹하여도 신앙으로 참고 음식물이나 과자, 사탕, 간식 등을 절대로 금하고 부부관계도 금식 중에는 금해야 합니다.

10. 40일 금식기도 중에 반드시 해야 할 일

40일 금식기도는 분명히 하나님의 섭리 속에서 시작되었고 하나님의 은혜 중에 금식기도를 하게 됩니다.

금식기도를 시작하는 날부터 7일이나 8일째 되는 날에는 소금을 바가지에 넣고 물에 타서 짭짤하게 한 후 두 대접 정도 배가 부르게 마셔서 위세척을 해야 합니다. 그러면 2~3시간 후에 배설을 하게 되는데 장 속에 남아 있던 숙변과 몸속에 들어 있는 불순물이 모두 빠져 나오게 됩니다.

40일 금식기도 중 15일이나 16일째 다시 한 번 더 위와 같이 관장을 해주면 온몸이 깨끗해지고 체질이 산성 체질에서 알칼리성 체질로 바뀌어져서 일생 동안 질병에서 놓임 받고 건강한 삶을 살게 됩니다. 이렇게 되면 육신도 건강하고 영혼도 건강해져서 하나님 교회의 기둥이 되고 기쁜 마음으로 살아갈 수 있습니다.

11. 40일 금식기도 중에 종합적으로 할 일

첫째, 40일 금식기도의 목적이 뚜렷해야 합니다.

둘째, 매일 찬송과 성경 읽기와 기도는 6시간 이상해야 합니다.

셋째, 40일 금식기도 전에 구충제를 반드시 먹어야 합니다.

넷째, 하루에 생수는 3시간에 한 컵씩 6~8컵 정도 마셔야 합니다.

다섯째, 기도할 때에는 무릎을 꿇지 말고 앉아서 기도해야 합니다.

여섯째, 금식기도 하는 방안에는 꽃이나 향을 놓지 말아야 합니다.

일곱째, 40일 금식기도 기간에는 4시간 이상 눕지 않도록 해야 합니다.

여덟째, 금식기도 기간에는 위세척을 해야 합니다.

아홉째, 금식기도 기간에 일주일에 한 번씩 미지근한 물로 샤워나 목욕을 해야 합니다(10~20분 정도).

열째, 매일 아침저녁으로 이를 닦아야 합니다.

제 7 장
40일 금식기도 후의 보호식 요령

40일 금식기도 끝난 후 회복 중 아내, 함께 기도하던 후배와 함께

40일 금식기도를 마친 후에는 금식한 기간만큼 보호식을 해야 합니다. 금식기도의 성공과 실패는 보호식 기간에 달려 있습니다.

금식기도 후의 증상과 보호식과 금식기도 기간에 하나님께서 주신 체험적 은혜를 하나님의 영광을 위하여 적극적으로 사용할 것을 말씀드리고자 합니다.

1. 40일 금식기도 후에 나타난 증상

(1) 필자의 경우

필자는 40일 금식기간 중 33일까지 성경도 읽고, 설교도 준비하고, 기도실에서 열심히 기도도 드리며, 산책도 하고, 일기도 쓰고, 기도원에서 설교하면서 예배도 인도했습니다. 그런데 34일째 될 때부터 몸에 한계가 오는 것을 느꼈습니다. 모든 것이 멈추어지는 것을 체험했습니다. 금식기도 후반부 7일간은 자리에 눕지도 못하고 계속 서서 찬송하고 의자에 앉아서 잠시 쉬면서 시간을 보내게 되었습니다.

마지막 3일 동안은 눈이 보이지 않았고, 걷지도 못했고, 귀도 들리지 않았습니다. 삼중고의 아픔을 체험하면서 예수님의 십자가상의 고난을 몸으로 체험했습니다. 위와 같은 증상이 올 때는 금식 기도가 100% 효과를 나타내는 징조입니다. 여러 가지 증상이 일어 날 때 영혼에서 우러나오는 마음으로 하나님께 감사를 드려야 합니다.

(2) 금식 기도한 성도들의 경우

40일 금식기도 후 음식에 대한 강한 욕망 때문에 한꺼번에 많은 음식을 먹으면 위에 문제가 생기고 장출혈도 일어나게 됩니다. 가슴이 쓰리고 아픈 증세도 있습니다. 불면증 증세를 비롯해서 여러 가지 증세가 복합적으로 발생합니다. 그러므로 금식 후의 보호식이 대단히 중요하기 때문에 반드시 지켜야 합니다.

필자의 경우 40일 금식기도 전 몸무게가 68kg이었는데 금식기도 후 44kg으로 24kg이 줄었습니다. 대부분 금식기도 기간 중에 몸무게가 남자의 경우 하루에 500g~1kg 정도 줄며 여자의 경우 하루에 500g 정도 감량됩니다. 보호식을 철저히 하면서 식사습관을 바꾸는 것도 좋습니다.

2. 40일 금식기도 후에 종합적으로 할 일

첫째, 절대 과식을 하지 말아야 합니다.

둘째, 육류를 먹지 말아야 합니다.

셋째, 몸조리를 40일 동안 잘해야 합니다.

넷째, 40일 동안 찬 것이나 뜨거운 것을 먹지 말아야 합니다.

다섯째, 무거운 것을 들지 않도록 조심해야 합니다.

여섯째, 찬물로 세수나 양치질을 하지 말고 미지근한 물로 해야 합니다.

일곱째, 40일 금식기도 후 1주일 지난 뒤에 미지근한 물로 목욕을 해야 합니다.

여덟째, 변이 나오지 않을 때는 참기름을 두 스푼 정도 마시는 것도 좋습니다.

아홉째, 몸이 부을 때는 호박죽과 두부를 먹는 것도 좋습니다.

열째, 보호식을 하면서 문제가 있을 때는 즉시 담임목사님과 의논을 해야 합니다.

3. 40일 금식기도 후에 겸손해야 합니다.

40일 금식기도 후에는 금식기도를 통해 받은 은혜를 하나님의 교회를 위해서 사용해야 합니다. 40일 금식기도를 성공적으로 마쳤어도 완전해진 것은 아닙니다. 교만하지 말고, 신앙생활을 게을리 하지 말고, 쉬지 말고 기도하며, 하나님 말씀에 대한 믿음을 간직해야 됩니다. 항상 겸손한 자세로 교회를 위해서 헌신하며, 하나님께 봉사하며, 이웃에게 사랑을 실천해 나가야 합니다. 금식기도 훈련은 단 한번으로 끝나는 것이 아니라 매년 한두 번, 매월 며칠, 일주일에 하루 이상 계속적으로 하며 평소에 영적 신앙생활의 향상을 위해 힘써야 합니다.

누가복음 4장 13절에서 "사탄은 얼마동안 떠나니라"고 했습니다. 계속 사탄과 싸워야 합니다. 사도행전 12장 23절의 헤롯왕은 교만해서 충이 먹어 죽었습니다. 그러므로 금식기도가 끝난 후에는 겸손하게 하나님의 교회를 받들어 섬겨야 합니다.

4. 40일 금식기도 후에 변화된 새사람

40일 금식기도 했다고 하면 다른 성도들이 우러러봅니다. 그때 마귀는 명예와 칭찬으로 유혹합니다. 이것을 이겨야 합니다. 40일 금식기도를 드리면 생각과 말과 행동에 변화가 있어 하나님의 감동과 성령의 충만함을 받고 능력 있는 삶을 살게 됩니다. 금식기도 드리면 태의 문이 열리고, 갖가지 질병이 떠나가고, 마음이 선해지고, 기쁨과 감사와 은혜의 신앙생활을 체험하게 될 것입니다. 사랑, 희락, 화평, 오래 참음, 자비, 양선, 충성, 온유, 절제의 열매를 맺으면서 살게 됩니다(갈 5:22). 금식기도 후의 성도는 행복하며, 존경받으며, 변화된 삶을 살아야 합니다.

5. 교회생활에 적극적으로 참여해야 합니다.

금식기도를 마친 후 교역자의 설교를 비방하거나 다른 성도의 신앙생활을 비방하면 받은 은혜가 소멸됩니다. 금식기도 후에는 긍정적인 마음으로 더욱 열심히 교회를 섬기고, 기도하며, 복음을 전파해야 합니다.

첫째, 금식기도 후에는 귀신을 물리쳐야 합니다.

둘째, 죄를 짓지 말아야 합니다.

셋째, 교역자를 위해서 기도해야 합니다.

넷째, 자기 맡은 직분을 최선을 다해서 감당해야 합니다.

다섯째, 영적으로 육적으로 건강해서 신앙생활을 해야 합니다.

6. 40일 금식기도 후의 날짜별 보호식

40일 금식기도를 했으면 40일간 보호식을 해야 합니다.

▶ **1일째**-동치미 국물을 한 대접 마시고, 다시 한 번 위세척을 합니다. 그 다음 고추 잎, 들깨 잎, 무 잎, 배추 잎, 시금치를 푹 삶아서 건져내고 그 물에 마른 멸치를 넣고 다시 푹 삶아 체에 거른 다음 그 물에 미음을 끓여서 물처럼 만들어 새벽 6시부터 3시간마다 한 컵씩 하루 5번 먹습니다. 오이 즙이나 오이는 날마다 계속 먹는 것이 좋습니다.

▶ **2일째**—양배추, 양상치를 갈아서 생즙을 조금씩 먹으며 미음을 첫 날처럼 체에 걸러 끓여서 동치미 국물과 된장국을 싱겁게 끓여 같이 한 컵씩 하루 5번 먹습니다.

▶ **3일째**—사과를 갈아서 만든 생즙과 참기름을 넣은 미음에 순두부를 넣어 한 컵씩 하루 5번 먹습니다.

▶ **4일째**—토마토, 사과, 복숭아 즙을 내서 먹고, 콩나물 국물에 마른 멸치를 넣어서 푹 끓이고 그 물에 미음을 넣어서 순두부, 동치미, 된장국물과 같이 하루 5컵씩 먹습니다.

▶ **5일째**—5일째부터는 씹어서 먹는 것이 좋습니다. 잣죽, 깨죽, 전복죽을 끓여서 동치미와 된장국물과 같이 한 컵 반씩 하루 5번 먹습니다.

▶ **6일째**—집에서 만든 도토리묵을 조금씩 먹으며 현미, 시금치, 당근 등 싱싱한 채소를 믹서에 갈아서 체에 걸러 미음을 만들어서 동치미와 된장국물과 같이 한 컵 반씩 하루에 5번 먹습니다.

▶ **7일째**—연한 생선(병어, 홍어)을 끓여서 물처럼 만들어 호박, 도토리묵, 순두부, 미역, 다시마를 푹 끓인 미음에 참기름을 섞어서 한 공기씩 하루에 5번 먹습니다.

▶ **8일째**—현미를 갈아서 미음을 만들고 순두부, 명태, 북어를 끓여서 미음과 함께 한 공기씩 하루 5번 먹습니다.

▶ **2주째**—위와 똑 같이 먹고 땅콩죽, 잣죽, 깨죽, 전복죽, 동치미와 된장국과 함께 한 공기씩 하루 5번 먹습니다.

▶ **3주째**—위와 같이 먹으면서 죽을 되게 해서 먹습니다.

▶ **4주째**—싱싱한 채소와 같이 여러 가지 과일과 함께 죽을 되게 해서 위와 같이 먹습니다.

▶ **5주째**—생선과 함께 위와 같이 먹습니다.

▶ **6주째**—밥을 질게 하여 위와 같이 먹습니다.

40일 보호식이 끝난 후에는 한우 사골을 고아서 위에 뜬 기름은 제거해서 국물에 죽을 끓여서 먹습니다. 그리고 그 기간에 마늘, 고추, 간장, 고추장, 조미료 등은 피해야 합니다. 40일 보호식이 끝난 후에도 상당 기간 닭고기, 돼지고기는 삼가는 것이 좋은데 오리 고기는 좋습니다.

이상과 같이 40일 금식기도 후 40일 동안 철저히 보호식을 하면 육신의 건강은 물론이요 영적 건강도 계속해서 하나님께서 주시므로 40일 금식기도를 성공적으로 마칠 수 있습니다. 40일 보호식 기간에 잘못하면 평생 고칠 수 없는 어려움을 입기 때문에 40일 보호식 기간에 계속 기도하면서 보호식을 순서대로 철저히 하여 모두가 금식기도에 성공하는 여러분 되시기를 바랍니다.

40일 금식기도 중 35일째 되던 날

제 8 장
결 어

40일 금식기도 중 부인 송점엽 사모와 함께

　기도에는 만사를 변화시키는 역사가 있습니다. 40일 금식기도는 기도자의 죄와 질병과 삶의 모든 저주에서 자유롭게 하며, 세상 모든 것들에게서 보호해 주고 방어할 능력을 줍니다. 기도하지 않는 평범한 사람들의 눈에는 숨겨져 잘 보이지 않지만, 기도 많이 하는 사람에게는 성령의 역사가 있어 거룩한 영육 생활로의 고침의 능력이 있습니다. 그러므로 40일 금식기도로 위대한 신앙을 가지게 되면 기적같이 치료하시는 성령님의 능력을 체험하고 또한 볼 수 있습니다.

　한국 교회에서 대 부흥을 일으킨 교회의 목사님들은 대부분 금식하며 기도하는 체험이 있는 분들입니다. 이분들 중에는 영적지도자로 한국교회 부흥에 큰 영향을 주신 분들이 많습니다. 구약성경에 보면 40일 금식기도 하던 지도자들이 국가를 변화시킨 것을 볼 수 있습니다. 종교적 지도자, 왕, 제사장이나 개인이 국가의 문제를 놓고 하나님 앞에 금식기도를 함으로 하나님과 올바른 관계를 맺고 하나님께서 주시는 사명을 감당하기 위해 눈물로 회개하며 금식기도를 드릴 때 하나님께서는 높여 주셨고 반드시 응답을 주셨습니다.

　신약성경에서도 예수님이 40일 금식기도로 공생애를 시작하셨음을 볼 수 있습니다. 오늘을 사는 우리 성도들도 예수님을 본받아서 금식하며 열심히 기도하여 모든 문제 해결의 실마리를 찾아야 합니다.

　40일 금식기도는 육신의 질병뿐만 아니라 마음의 질병도 치유함 받고, 가정문제와 사업문제, 장래문제, 자녀의 진학문제, 결혼문제, 직장문제, 태의 열매가 맺어지며, 문제를 해결 받게 하고, 삶의 모든 저주와 죄를 멀리하도록 능력을 줍니다. 그리고 40일 금식기도는 하나님의 지혜를 받고, 성령의 능력과 영력을 받으며, 은사를 받아 교회의 큰 기둥이 되고, 전도의 열매를 맺게 합니다. 금식기도 하면 반드시 교회가 부흥되고 가정이 축복을 받습니다. 하나님의 본질은 치료하심이요 주 예수 그리스도를 통하여 그를 믿는 자들은 그 영혼을 구원하시고 성령 충만을 체험하여 모든 질병에서 깨끗하게 치료해 주십니다.

I.M.F와 큰 수해를 당한 이 민족이 모두 금식하며 하나님께 기도 드림으로 지난 죄를 용서받고 다시 한 번 이 땅에 치료받고 축복으로 바뀌지는 역사가 일어나야 하겠습니다.

한국 교회는 개인이나, 가정이나, 교회나, 국가를 위해 금식하며 기도하여 성령의 인도하심을 받아 이 민족이 회복되는 역사가 일어나야 합니다. 대통령으로부터 어린아이까지 모두 하나님께 회개하고 금식하며 기도한다면 반드시 하나님께서 이 민족에게 다시 축복의 새 날을 주실 줄로 확신합니다.

1,200만 성도들이 굵은 베옷을 입고 회개하며 금식기도를 드리면 남북통일도 이루어질 것이요 전 세계에서 뛰어난 민족이 될 것입니다. 여러분 자신과 가정과 교회와 국가에 하나님의 축복이 가득하시길 바랍니다.

> "나의 기뻐하는 금식은 흉악의 결박을 풀어 주며 멍에의 줄을 끌러 주며 압제 당하는 자를 자유케 하며 모든 멍에를 꺾는 것이 아니겠느냐 또 주린 자에게 네 식물을 나눠주며 유리 하는 빈민을 네 집에 들이며 벗은 자를 보면 입히며 또 네 골육을 피하여 스스로 숨지 아니하는 것이 아니겠느냐 그리하면 네 빛이 아침같이 비칠 것이며 네 치료가 급속할 것이며 네 의가 네 앞에 행하고 여호와의 영광이 네 뒤에 호위하리니 네가 부를 때에는 나 여호와가 응답하겠고 네가 부르짖을 때에는 말하기를 내가 여기 있다 하리라" (사 58:6~9)

제 9 장
부 록

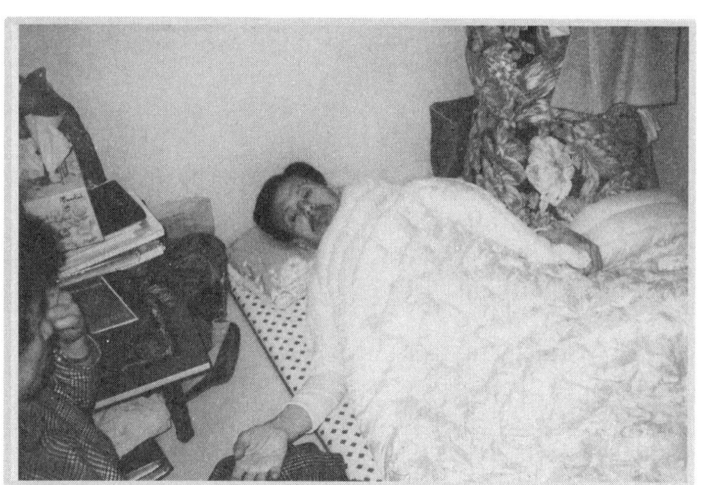

40일 금식기도 중 37일째 되던 날

1. 한상휘 목사 40일 금식기도 제목

⑴ 외국에 선교사를 10명 보내게 하소서.

⑵ 국내 농어촌 교회 50교회에 선교비를 보내게 하소서.

⑶ 우리 신성교회에 1,600명의 성도를 주옵소서.
   장년 1,000명, 유치부 100명, 유년부 100명, 초등부 100명,
   중등부 100명, 고등부 100명, 청년회 100명, 새벽기도회 100
   명, 1부 예배 100명 이상 부흥되게 하소서.

⑷ 우리 신성교회 건축 빚 3억 8천만 원 속히 청산하게 하소서.

⑸ 주의 종 한상휘 목사 성령 충만 받아 능력 있는 주의 사자 되게
   하소서.

⑹ 40일 금식기도 승리할 줄로 믿습니다.

⑺ 주여 이루어 주실 줄로 믿습니다. 아멘.

2. 한상휘 목사 목회 철학

⑴ 진실(眞實)한 목회

⑵ 근면(勤勉)한 목회

⑶ 기도(祈禱)하는 목회

⑷ 계속(繼續)하는 목회

⑸ 아사교회생(我死敎會生) 아생교회사(我生敎會死) 목회(牧會) -
   내가 죽으면 교회가 살고, 내가 살면 교회가 죽는다.

3. 희망찬 삶을 만드는 생활의 심언(心言)

잘 했습니다. 말하는 경외(敬畏)의 마음
다행입니다. 말하는 기도(祈禱)의 마음

괜찮습니다. 말하는 이해(理解)의 마음
용서(容恕)합니다. 말하는 사랑의 마음

고맙습니다. 말하는 감사(感謝)의 마음
덕분입니다. 말하는 겸허(謙虛)의 마음

미안합니다. 말하는 반성(反省)의 마음
그렇습니다. 말하는 유순(柔順)한 마음
반갑습니다. 말하는 진솔(眞率)한 마음
훌륭합니다. 말하는 경하(敬賀)의 마음

하겠습니다. 말하는 봉사(奉仕)의 마음
믿겠습니다. 말하는 신뢰(信賴)의 마음

성도님 정말 잘 오셨습니다.
많은 은혜(恩惠) 받으시기 바랍니다.

4. 한상휘 목사 40일 금식기도 일기

1992년 3월 9일 월요일부터
1992년 4월 10일 금요일까지
33일 일기장을 기록하고
그때부터 눈이 안 보이고 힘이 없어서
더 이상 일기를 쓰지 못했습니다.

1992년 3월 9일 월요일부터
1992년 4월 17일 금요일까지
40일 금식기도를
하나님의 은혜와 축복 속에서
성공적으로 마쳤습니다.

■ 1992년 3월 9일 40일 금식기도 첫날 월요일

할렐루야!

하나님 우리 아버지의 크신 사랑과 은혜와 축복을 진심으로 감사드립니다.

장로회신학대학을 졸업한 후, 이 부족한 종을 1979년 12월 10일 경기노회에서 목사로 안수 받게 하셨습니다. 그 후 경기도 용인군 내사면 평창리 평일교회에 부임하여 20여 명 교인이 100여 명으로 성장했고, 성전을 건축하여 하나님께 바치고, 3년 동안 주의 복음을 시골 마을마다 전하면서 증거 하였습니다. 그 후 1983년 9월 서울 약수동 약수교회에 부 목사로 부임하여 이응선 당회장님을 잘 보필하며 성도들의 따뜻한 사랑을 받으며 5년을 하루같이 즐거운 마음으로 교회를 받들어 충성을 하다가 하나님의 뜻이 계셔서 1988년

3월 구로동 신성교회 담임목사로 부임하였습니다.

현재보다 교인도 적었고 또한 예산도 부족한 상태로 구로 시장 부근에서 힘들고, 고달프고, 어려운 목회가 시작되었으나 하나님께서 은혜를 종에게 주서서 날마다 교회를 부흥하게 하시고, 교회 빚도 청산하고, 9월에는 아세아연합신학대학에서 선교학 석사학위를 받았습니다. 성도들이 한마음과 한뜻을 품고 새 성전 건축을 꿈꾸면서 1990년 7월 8일 신성교회 위임목사로 임직을 하고, 계속 기도하며 목회에 전념을 하여 1990년 9월 16일 구로구 구로5동 43번지에 건평 604평 교회건축 기공예배를 드리며, 1년 동안 교회건축을 하면서 12억 원의 건축헌금을 드려서 700여 평 가깝게 아름다운 신성교회를 건축하여 1991년 9월 1일 새 성전 입당예배를 드렸고, 9월 28일 준공검사 필증을 받게 되었고, 1992년 1월 첫 주일 장년 315명의 성도를 하나님께서 보내 주서서 많이 성장하게 해 주셨습니다. 1992년 3월 2일부터 6일까지 김종삼 목사님을 모시고 심령대부흥성회를 배설하고 큰 은혜를 받던 중 부흥회 이튿날 모세의 위기 해결이라는 제목의 설교를 들으면서 큰 은혜를 받고 40일 금식기도를 작정했습니다.

금요일 저녁 집에 돌아와 아내와 딸 둘, 아들에게 40일 금식 기도할 것을 이야기하니 아내도 놀라고 자녀들도 큰 일 났다고 놀라는 것을 보면서 잠자리에 들 때에 하나님께서 환상을 보여 주셨습니다.

큰 산과 산삼을 보여 주셨는데 그것을 바라보는 순간 하나님의 음성이 들렸습니다. "이것이 산삼이니라 얼마든지 먹고 건강하여라."

이튿날 부흥성회에서 큰 은혜를 받고 부흥강사 목사님을 김포공항에서 전송하고 집에 돌아와 그 동안 받은 은혜에 감사하면서 토요일에 '일사각오(一死覺悟)'라는 제목으로 설교를 준비하고 저녁 늦게 잠자리에 들었는데 환상 중에 하나님의 음성이 들렸습니다.

"두려워 말라 내가 너와 함께 함이니라 놀라지 말라 나는 네 하나님이 됨이니라 내가 너를 굳세게 하리라 참으로 너를 도와주리라 참으로 나의 의로운 오른손으로 너를 붙들리라"(사 41:10) 라는 하나님의 음성을 듣고 새 힘을 얻게 되었습니다. 그런데 "준비 기도가 부족하지 않습니까?" 하고 하나님께 질문을 하니 깨닫게 하시는 성령의 역사를 체험케 하고 "1991년 8월 한 달 동안 교회 안에서 밤잠을 못 자면서 기도하였고 그때부터 하루에 두 끼씩만 식사를 하면서 1992년 2월까지 6개월 동안 준비한 것이 있지 아니하냐." 하는 하나님의 음성을 듣고 하나님께 감사했습니다. 부족한 종이 그 동안 기도로 준비한 것이 바로 40일 금식기도를 하기 위함인 것을 이제야 깨닫게 되었습니다.

1992년 3월 8일 주일 날 '일사각오' 라는 제목으로 하나님 말씀을 증거 할 때 350여 명의 성도들에게 하나님께서 많은 은혜를 주셨고 주일 밤을 지나서 오늘 장로님들과 안수집사님 권사님들이 오셔서 교회에서 오전 11시에 예배를 드렸습니다. 박귀만 장로님의 설교로 빌립보서 4장 6~7절, 13절의 말씀을 듣고 신성교회를 출발하여, 이기우 장로님, 권달삼 장로님과 정상현 안수집사님, 박창남, 박용묵 집사님 두 분, 우리 내외가 은혜의 동산 기도원에 도착하니 아직도 바깥 일기는 쌀쌀한 기운이 그대로 있었습니다. 은혜의 동산 기도원에 도착하여 사무실에서 수속을 마치고 장기 금식실로 옮겨오니 이미 40일 금식기도를 하신 분이 500여 명이나 되었다는 말을 듣고 하나님께 감사를 드렸습니다. 오늘은 예레미야서를 보면서 선지자가 때를 얻든지 못 얻든지 담대하게 복음을 전하는 모습을 보면서 하나님을 경외할 때에 하나님께서 함께 하시고 하나님을 찾을 때 만나 주시며 하나님을 사랑할 때에 하나님의 사랑을 받는다는 사실(렘 29:11~14)을 믿고 나도 40일 금식기도를 은혜 중에 잘 마치고 성령의 충만을 받고, 능력 있는 사자로 주의 복음을 전하여 수많은 영혼을 하나님께로 인도하리라 굳게 다짐해 봅니다.

■ 3월 10일 40일 금식기도 2일째 화요일

"언젠가 내 시대가 온다." 오스트리아의 식물학자 멘델은 비엔나 대학에서 자연과학을 연구하고 부륜에 돌아와서 수도원 원장이 되었는데 수도원 정원에 콩을 재배하여 유전을 연구하고 마침내 '멘델의 법칙'을 발견하였습니다. 그는 "실력이 있는 자만이 자기 시대가 왔을 때 그 기회를 포착하여 힘차게 일할 수 있다."고 주장했습니다. 실력이 없는 자는 자기의 시대가 와도 그 기회를 절대로 붙잡을 수 없다고 했습니다.

나는 언젠가 내 시대가 올 줄로 믿고 은혜의 동산 기도원에서 40일 금식기도를 하기 위하여 올라와서 2일 째 되는 날을 보내고 있습니다. 새벽 3시에 기상하여 하나님 말씀인 성경을 계속 읽다가 새벽 4시 30분 새벽기도회에 나가서 힘있게 찬송과 말씀을 증거하는 목사님의 마태복음 13장의 천국비유를 들었고, 숙소에 돌아와서 아침 6시부터 8시까지 수면에 들어갔으나 뱃속에 들어간 것이 없으니 잠도 오지 않았습니다. 계속해서 성경을 읽으면서 예레미야에서부터 말라기까지 이틀 동안 모두 다 읽었습니다.

미국 병원장 장로님이 자기 병원에서 일하는 존에게 복음을 전하였으나 듣지 않았습니다. 그때 병원장 장로님은 "주님이 오시면 너에게 이 병원도 주고, 자가용도 주고, 집도 주고, 모두 다 너에게 주겠다." 라고 말했습니다. 존은 너무 좋아서 흥분이 되어 집에 가 있는데 밤에 잠이 안 왔습니다. '주인이 모든 것을 다 나에게 주고 어디를 가려고 하는가?' 라는 생각을 하던 존은 밤중에 주인 집 대문을 두드렸습니다. "존입니다. 주인께서는 저에게 모든 것을 다 주시고 어디로 가려고 하십니까?" "나는 그때 천국에 가는데 집이나, 자가

용이나, 병원이 무슨 필요가 있는가?" 그 말을 듣고 존은 자신도 천국에 가고 싶다고 하면서 복음을 받아들였다고 합니다.

주님 재림하실 날이 점점 가까워 오고 있는데, 나도 성령의 권능을 받고 능력 있는 주의 사자가 되어서 우리 신성교회를 부흥시키고 동서남북, 방방곡곡, 우리나라뿐만 아니라 세계 여러 나라에 이 복음을 전하리라! 언젠가 내 시대가 반드시 오리라! 열심히 공부해서 실력을 배양하고, 열심히 기도해서 능력도 저축하고, 열심히 전도하면 교회 부흥도 하나님께서 반드시 이루어 주실 줄 확신하고 있습니다. 주여! 내 뜻대로 마옵시고 주의 뜻대로 하옵소서.

■ 3월 11일 40일 금식기도 3일째 수요일

하나님 저는 가장 졸병이올시다! 은혜의 동산 기도원에서 40일 금식기도를 끝낸 사람이 500여 명이 넘었습니다. 내가 들어와 있는 장기 금식실 안에도 벌써 40일 금식기도를 마치고 보호식을 하는 사람도 있고 – 보호식이라 함은 40일의 금식이 끝난 사람이 은혜의 동산 기도원에서 특별음식으로 동치미 국물과 좁쌀죽으로 일주일 동안 보호하는 것입니다 – 30일, 29일, 25일 금식 중에 있는 목사님도 계시고 전도사님도 있습니다. 이렇게 기도의 용사들이 많은데 나는 늦게 시작했고 이제 3일밖에 안 되었으니 졸병이올시다.

지난밤 9시에 잠자리에 들었는데 오늘 새벽 2시에 잠에서 깨어났습니다. 뱃속에 아무것도 없으니 육신적인 양식을 거두시고 생명의 양식으로 채우시는 하나님 내 배 안에는 물밖에 들어간 것이 없으나 영혼에는 성령의 단비가 임하고, 생명수가 임하고, 생명의 말씀으로 가득히 채우게 되니 성경 말씀이 생명의 떡이 되어 아직까지 배고프지 않고 오히려 배 안이 편안하고 마음속에 하나님이 살아 계심으로 뛸 듯이 기쁘고 즐거웠습니다.

하나님! 이 마음이 40일 금식기도가 끝나는 날까지 변하지 않게 하옵소서! 열심히 생명의 양식인 하나님의 말씀을 읽고, 먹고, 마시고, 감사를 드리면서 기도를 드리는데 새벽기도회의 찬송이 들려옵니다. 감사한 마음으로 새벽 4시 30분 은혜의 동산 기도원 본당 예배실로 가서 기도드리고 마가복음 16장 13~18절 말씀을 듣는 순간 내 곁에 누워 있던 간암 환자의 중얼거리는 소리와 그 부인의 "와 이러노. 와 이러노. 정신차리라." 하는 소리를 들으면서 하늘나라로 이사 가는 모습을 보았습니다. 50세 전후의 부인의 안타까운 울부짖음을 뒤로하고 그 남자는 세상을 떠났습니다. 곁에서 잠깐 동안 기도드리고 있는데 세 사람이 들 것을 들고 와서 시체를 들고 나갔습니다. 잠시 세상에 왔다가 때가 되면 하나님 앞에 가야 합니다. 그런데 왜 이렇게 세상살이가 어렵고 복잡하고 아프단 말입니까!

얼굴에 혹이 나서 온 얼굴을 덮고 어깨를 덮을 정도로 어려운 사람, 간경화로 복수가 차서 어린애를 임신하여 만삭이 된 것처럼 괴로워하는 사람, 얼굴이 피부암으로 시뻘겋게 되어 우는 사람, 가지각색 병자는 은혜의 동산 기도원에 다 모였습니다. 웬 휠체어가 그렇게 많을까? 새벽에 예배드리는 사람의 수가 이렇게 많을까? 저들은 무슨 문제를 가지고 이렇게 많이 이 기도원을 찾아 왔을까? 하나님! 저들을 고쳐 주소서!

하나님 저는 감사합니다. 교회 건축도 잘하게 하시고 부흥집회도 은혜 중에 마치고 하나님의 뜻이 계셔서 40일 금식기도를 시작한 지 3일째가 되었습니다. 이번 금식기도 기간에 식욕의 한계를 맛보고, 정욕의 한계를 맛보고, 지식의 한계, 건강의 한계, 물질의 한계, 부모 자식의 한계를 맛보고, 형제의 한계, 내 처와의 한계, 내 자녀와의 한계를 맛보고, 인정사정의 한계를 맛보며, 세상에서 일어나는 모든 일의 한계를 맛보고, 내가 46년 동안 이 세상에서 살아왔던 모든 일들의 한계를 맛보고자 합니다. 주여 이 부족한 종에게 큰 은혜를 주심을 감사합니다. 지금까지 지켜 주심을 감사합니다. 지금까지 승리하게 하심을 감사합니다. 하나님께서 나에게 부모형제를 주시고, 아름다운 처자를 주시고, 좋은 집을 주시고, 비록 전세이지만 좋은 교회를 주시고, 좋은 장로님, 안수집사님, 권사님, 집사님들, 교사, 성가대, 각 부서 많은 성도들, 장년 350여 명, 중고등부 100명, 아동부 120명, 유치부 30명, 청년부 60명, 합계 660여 명의 성도를 주시니 감사합니다.

너무 큰 하나님의 은혜에 감사해서 40일 금식기도를 감사하는 마음으로 드리고자 합니다. 이 은혜의 동산 기도원에서 할렐루야를 배우고, 아멘을 배우고, 감사를 배우려고 합니다. 잘 되도 감사하고, 안 되도 감사하고, 건강해도 감사하고, 병들어도 감사하고, 주셔도 감사하고, 빼앗아 가셔도 감사하고, 있어도 감사하고, 없어도 감사하고, 입을 열면 감사하고, 잠을 자도 감사하고, 일어나도 감사하고, 설교할 때도 감사하고, 나에게 대적이 일어나도 감사하고, 내 일생 감사만 하다가 하나님께 서리라! 굳게 다짐해 봅니다. 아멘.

빌리 그레이엄 목사는 "이 세상에서 100% 남는 장사는 없습니다. 그러나 예수님께 투자하는 장사는 100% 남습니다." 라는 말을 했습니다.

강원도 춘천에서 16년간 불교 신자회 회장을 지냈던 63세 할머니가 관절염으로 3년간 자리에 누워 있는데, 예수를 믿은 후 조카(조카는 교회에 다니며 은혜의 동산 기도원에 와서 안수기도 받고 깨끗이 나음)에게 1억 원짜리 집을 사주고, 교회에도 열심히 다니면서 동장도 전도하고, 반장도 전도하고, 많은 전도를 하면서 성경 전체를 한 번 다 쓰고 교회에서 충성하고 있다는 간증을 들으면서 고린도후서 13장 5절에서 구원을 확증하라는 말씀을 들었습니다.

오늘 저녁도 하나님께서 우리 신성교회를 지켜주심에 감사하면서 김선필 집사, 어머님, 아내, 우귀옥 권사님이 다녀가면서 교회에서 교인들 전체가 모여서 기도한다는 소식을 전해준 것이 나에게 백만 대군을 얻는 것처럼 큰 힘이 되고 있습니다.

■ 3월 12일 40일 금식기도 4일째 목요일

"내 죄 사함 받고서 예수를 안 뒤 나의 모든 것 다 변했네 지금 나의 가는 길 천국길이요 주의 피로 내 죄를 씻었네 나의 모든 것 변하고 그 피로 구속받았네. 하나님은 나의 구원 되시오니 내게 정죄함 없겠네."(찬 210장)

25~26년 전의 군대생활 중에 큰 은혜를 받은 찬송인데 오늘 또 다시 이 찬송에 큰 은혜를 받고 있습니다. 하나님께서 이 부족한 종을 붙잡아 주셔서 1971년에 교육전도사로 시작한 목회를 1992년까지 21년 동안 지켜 주시고 여기까지 인도하신 에벤에셀의 하나님께 그저 감사할 뿐입니다.

하나님의 은혜에 감사해서 40일 금식기도를 작정하고 은혜의 동산 기도원에 보내주셔서 4일째 되었는데 하나님의 은혜 중에 지금까지 기도하면서 지내던 중 어제 저녁에 갑자기 은혜의 동산 기도원의 설교를 담당해야 할 목사님이 오시지 않아서 부족한 종에게 설교를 부탁해 마가복음 1장 35절을 중심으로 '새벽기도와 축복'이라는 제목으로 말씀을 전했는데 300~400여 명의 성도들이 모여 하나님께 열심히 예배를 드렸습니다.

금식관에 돌아와 단잠을 자고 새벽기도 시간에 또 설교를 부탁하므로 은혜의 동산 기도원에 모인 성도들에게 '성수주일과 축복'이라는 말씀을 전할 때 400~500명 성도들이 큰 은혜를 체험하고 열심히 기도드리는 모습을 보면서 부족한 종도 큰 은혜를 체험했습니다. 어제는 복음서를 읽었고 오늘은 사도행전에서 요한계시록까지 통독을 하고보니 지금까지 성경을 25독했습니다.

금식 4일째라 물 마시는 것을 잘 해야 하는데 반드시 하루에 6컵 이상을 마시라고 했는데, 나는 열두 컵 이상의 물을 마시면서 의무적으로 시간을 지켜서 물을 먹고, 성경 읽고, 기도드리고, 찬송을 부르며 좋은 시간들을 보내면서 낮 12시부터 2시 사이에는 약간의 등산을 하면서 운동하는 시간을 갖고 있습니다.

오후 2시 은혜의 동산 기도원에서 신유의 성회가 시작이 되었는데 기도원 원장님이 힘 있는 설교와 병자를 위한 기도를 할 때에 수많은 병자들이 병 고침을 받고 일어났으며 암 환자 두 사람의 암 덩어리가 빠져나가고 깨끗이 고침을 받았다고 간증했습니다. 시간시간 복음 성가도 은혜스럽고 가득 모인 성도들의 입에서는 아멘과 감사 찬송이 계속 울려 퍼졌습니다. 하나님 이 부족한 종에게도 하나님의 능력을 주셔서 병든 자에게 손을 얹을 때에 벌떡벌떡 일어나는 능력을 주옵소서! 아멘.

예배시간에 강원대학 법대 학장 장로님이 간경화에 걸려 죽게 되었는데 기도원 원장님의 기도를 받고 깨끗이 치료받았다고 간증하면서 교회에서 장로로 열심히 일하고 학교에서도 열심히 전도하겠다고 다짐하는 모습을 보면서 모든 영광을 하나님께 돌립니다. 특히 기도하던 중에 '천국언어'를 배우게 되었습니다. 세상의 말은 상처를 주고 독이 들어 있지만 하나님의 말씀은 말씀이기 때문에 능력이 있고, 힘이 있고, 귀신이 쫓겨나고, 병든 자가 일어나고, 암 덩어리가 빠져나간다고 합니다.

기쁜 일이 있어도 감사합니다. 슬픈 일이 있어도 감사합니다. 병들어도 감사, 건강해도 감사, 살아도 감사, 죽어도 감사, 입만 열면 감사, 차 사고를 당해도 할렐루야 감사합니다. 나의 목회생활에 이 천국언어는 꼭 사용하리라고 다짐해 봅니다. 웃읍시다. 하 하 하~ 슬퍼도 웃고, 병들어도 웃고, 어려운 일을 당해도 웃고, 기쁜 일을 만나도 웃고, 언제나 웃을 수 있어야 바른 목회를 할 수 있습니다.

하늘 문이 열립니다. 마음 문도 열리고, 기도의 문도 열리고, 찬송의 문, 전도의 문, 축복의 문도 활짝 열릴 줄로 믿습니다. 믿는 대로 되리라!

주여 40일 금식기도를 믿음으로 꼭 승리하게 하옵소서. 아멘.

■ 3월 13일 40일 금식기도 5일째 금요일

할렐루야! 사랑하는 나의 신성의 성도들이여 부족한 종을 위하여 교회 본당에서, 2층에서, 지하에서 기도 드리는 소리가 이스라엘이 여리고 성을 무너뜨릴 때의 함성과 같습니다. 교사들이 순번을 정하여 금식기도를 하루씩 드리고 가정에서 가정예배를 드리면서 이 종을 위해서 기도드리고 부서별로 장로님, 안수집사님, 권사님이 책임을 맡아서 40일 간 각 구역별로 모여서 교회에서 저녁마다, 새벽마다 기도하는 힘이 죄악의 아말렉을 물리치고, 죄악의 여리고 성을 무너뜨리고, 우리의 기도제목대로 세계에 선교사를 많이 보내고, 국내 농어촌 교회에 선교비를 많이 보내고, 우리 신성교회에 장년 1,000여명, 각 부서 600명을 주실 줄로 믿으며, 우리 교회의 3억 8천만 원의 빚도 속히 청산될 줄로 믿으며, 부족한 주의 종 한상휘 목사에게 성령으로 충만하게 하시어 능력 있는 사자가 되어 동서남북 방방곡곡에 주의 복음을 증거 하는 복음의 증인이 될 줄로 믿습니다. 아멘.

오늘은 40일 금식기도 5일째로 하나님께 드리는 날입니다. 생수를 마시니 배고픈 줄은 아직까지 느끼지 못하지만 속이 메스껍습니다. 하루에 물을 열 컵 이상 먹는 일도 매우 힘 드는 일이요, 아침저녁으로 양치질을 하며 6시간 이상 기도드리는 일과 계속 성경 읽는 일, 하루 한 시간 이상 등산이나 보행하는 일, 될 수 있는 대로 자리에 눕지 않고 일어나서 활동하는 일, 반드시 몸을 청결하게 하는 일도 금식기도 할 때 중요한 부분인데 상당히 어렵습니다.

경건 , 정직, 희생, 화목을 가훈으로 정하고 진실하게 살려고 애를 쓰시는 김종삼 목사님을 생각하면서 오늘도 하나님 앞에서 진실하게 기도드리고, 말씀을 읽고, 알차게 하루를 보내려고 애써봅니다.

하나님 아버지, 오늘도 아침부터 저녁까지 우리 신성교회를 지켜주시고, 40일 금식기도 기간에 어려운 일이 없게 하시고, 좋은 일기도 주시고, 건강도 주셔서 꼭 승리하게 하옵소서! 그리하면 저의 일생 하나님을 기쁘시게 하는 일에 앞장서서 전력투구할 것입니다. 하나님 오늘도 승리하게 하시니 감사합니다. 앞으로 주님을 위해서 땀과 눈물을 쏟으면서 죽도록 충성하겠습니다. 하나님 앞에서 열심히 일해서 축복 받는 일 많이 하겠습니다. 즐거운 마음으로 살겠습니다.

■ 3월 14일 40일 금식기도 6일째 토요일
할렐루야!
"산중지적이파 심중지적난파(山中之賊易破 心中之賊難破)" 산중의 적은 없애기 쉽지만 마음의 적은 없애기 어렵구나.

이 말은 지행합일설(知行合一說)을 주장한 명나라의 대 선생 왕양명(王陽明)의 말입니다. 인간의 수양이 얼마나 어려운가를 주장하는 명언입니다.

산 속의 도둑을 쳐서 이기기는 쉽지만 우리 마음속의 도둑은 이기기 어렵습니다. 밭의 김을 매지 않으면 잡초가 무성하듯이 우리의 마음도 내버려두면 악의 잡초가 쉴 새 없이 무성해져서 이기심, 질투, 교만, 허영, 악의, 사심, 나태, 방종, 무책임, 탐욕, 어리석음이 자랍니다. 모든 것이 내 마음속에 있는 도둑이요 내 마음을 항상 어지럽게 하는 것입니다. 이 도둑에게 지면 우리는 악인이 되기도 하고, 소인이 되기도 하고, 동물의 차원으로 전락하고, 타락의 구덩이에 빠지기도 합니다.

나는 이번 40일 금식기도 기간에 내 마음속의 모든 적을 없애버리고 새사람으로 거듭나야 하며, 이번 금식기도 시간마다 땀을 쏟아 기도하면서 기어코 하나님께서 주시는 영감을 받아 하나님께 크게 쓰임 받는 능력의 주의 사자가 되리라고 다짐합니다.

스위스의 철학자였던 칼 힐티(Carl Hilty 1833~1909)는 "인생의 가장 행복한 시간은 일에 몰두하고 있을 때"라고 주장했습니다. 인간의 마음은 보람 있는 일을 찾을 때처럼 즐거운 기분을 느낄 때가 없습니다. 행복하기를 원한다면 먼저 일을 찾아야 합니다.

이번 40일 금식기도 기간에 계속해서 성경을 읽고 성경에 복 주신 다는 말이 몇 번이나 나오는가 확인하고자 합니다. 또 이번 기도 기간에 설교도 많이 준비하고자 합니다. 참고 도서가 없으니 성경 구절로 설교가 준비되고 있습니다. 또한 이번 기도 기간에 내 자신의 인내 한계에 도전해 보고자 합니다.

예수님이 40일간 금식기도를 한 후 마귀는 떠나고 천사들이 와서 수종들었다고 하니 부족한 종도 40일 금식기도를 마친 후에 마귀는 떠나고 천사들이 수종드는 축복을 주실 줄로 믿습니다.

어느덧 저녁시간이 되었는데 오늘 저녁에도 이 부족한 종에게 은혜의 동산 기도원 강단에서 복음을 전할 기회를 주서서 빌립보서 4장 6~7절 말씀을 가지고 '감사로 드린 예배' 라는 제목으로 말씀을 증거하고 돌아오니 땀이 온 전신에 배어 있었습니다. 은혜의 동산 기도원에는 매일 저녁마다 400~500명이 모여서 예배를 드립니다. 우리 신성의 강단에도 시간마다 많은 성도들이 모여서 예배드리도록 하나님께 간절히 기도드리면서 오늘 하루를 마칩니다.

■ 3월 15일 40일 금식기도 7일째 주일

오늘은 은혜의 동산 기도원에 올라와서 처음으로 주일을 맞이한 날입니다. 맑고 쾌청한 날을 주시고 새 힘을 하나님께서 허락하셔서 40일 금식을 시작한 지 7일째 되는 날이지만 오늘까지 건강하게 하나님께서 지켜주심에 감사드립니다.

하루 일과는 새벽기도로부터 시작하여 매 시간마다 예배를 드리는데 모두 참석하기는 힘들고 본 교회에서 예배드리는 시간만 참석합니다. 몸을 청결히 하기 위하여 목욕을 하고 양치질을 잘하고 생수를 많이 먹는 일이 중요해서 하루에 물을 15컵 이상 정해놓고 마시는데 생수 먹는 일이 이렇게 힘든 일인지 몰랐습니다.

그리고 자리에 눕지 않고 계속해서 성경보고 하루에 4시간 이상 애써서 기도드리고 있습니다. 오후 1시부터 2시까지는 반드시 등산하는 시간도 정하여 하나님께서 만들어 놓은 대자연 속에서 맑고, 깨끗하고, 신선한 공기를 마시면서 산 속에 있는 낙엽을 밟으며 이 좋은 시간을 보냅니다.

하루에 잠은 5시간 이상 잘 수가 없습니다. 뱃속에 든 것이 없기 때문에 잠이 오지 않습니다. 잠이 오지 않으니 기도드리게 되고 점점 내 속의 영이 맑아지고 신령한 은혜가 내 마음속에 임하고 있는 것을 느낍니다. 은혜의 동산 기도원 금식실에는 40명의 금식자가 있는데 그 중에 21명이 40일 금식기도를 한 사람들입니다. 그리고 모두가 어려움과 환난과 사정이 많고 사연들이 많습니다.

그러나 이 부족한 종에게는 하나님이 은혜를 주셔서 교회를 크게 건축하여 준공검사를 필했고(건평 700여평) 성도들도 장년 350여명, 아동부 100여 명, 중고등부 100여명, 청년회 50여명, 유치부 50여 명이 모이는 교회가 되었습니다. 나는 우리 신성교회와 이 종에게 아무런 어려움이 없는 것이 감사해서 40일 금식기도를 작정했습니다.

기도드릴 때마다 우리 신성교회 성도들의 간절한 기도와 함성이 들려옵니다. 장로님 ,안수집사님, 권사님이 선두에 서고, 38구역 성도들이 날마다 한 구역씩 맡아서 이 부족한 종을 위해서 계속 기도드리는 그 아름답고 귀하고 복된 모습들이 나에게는 천군만마를 얻는 새 힘이 됩니다. 40일 금식기도 7일째가 되어도 전혀 피곤이 없고 오히려 원기가 왕성해지고 뜨거운 마음만 가득합니다.

은혜의 동산 기도원에 와서 기도드리는 기간에 몇 가지 바꿔진 것은 사람을 만날 때마다 나도 모르게 머리 숙여 인사하는 것과 "할렐루야 감사합니다." 라는 말이 입술에서 저절로 흘러나오는 것입니다. 이번 기간에 작정한 것은 내 평생 남의 마음에 상처를 주지 않고, 원망, 불평하지 않기로 한 것입니다.

■ 3월 16일 40일 금식기도 8일째 월요일

어제 주일 새벽기도 시간에 사람들이 옆에 앉아 있던 사람을 보며 웅성거려 쳐다보니 3일 전 일광욕을 하던 그분이었습니다. 복수가 차서 숨을 헐떡거리는 모습을 보았는데 그분이 세상을 떠난 것입니다. 어떻게 살다가 이 지경까지 왔을까? 한 사람이 세상을 떠난 것을 보면서 인생은 누구나 한 번 왔다가 한 번 가야 하는 것이 정한 이치인데 어떻게 살다가 어떻게 주님 앞에 갈 것인가? 를 생각해 봅니다.

40일 금식 8일째 되는 날인데 오늘은 우리 신성교회 박귀만 장로, 권달삼 장로, 원강수 장로, 그리고 아내가 다녀갔습니다. 정말 고맙고 감사하였고, 나에게 새 힘이 솟아오르는 것을 느꼈습니다. 하나님 저들을 꼭 인도하셔서 교회에서 충성된 종들이 되게 하시고 하나님과 또 세상에서 칭찬 받게 하소서!

이어서 나의 좋은 친구 박병덕 목사가 다녀갔습니다. 은광교회를 개척하면서 사모님이 큰 교통사고로 발뒤꿈치 힘줄이 끊어지는 사고를 당해 수술을 받고 치료중인데 이렇게 나를 위로하려고 방문해 주니 큰 힘을 얻었습니다. 박 목사님의 교회도, 가정도, 하나님 꼭 지켜주시옵소서, 부흥되게 하옵소서!

오늘은 구약성경 창세기를 보면서 복이라는 말씀이 얼마나 사용되었는가를 찾으며 읽었습니다.

오후 2시 하나님 앞에 회개기도를 드리는데 내 눈에서 쏟아지는 눈물, 왜 내가 성도들을 미워했을까? 오늘은 많이 울면서 하나님께 기도 드렸습니다. 교회를 건축하면서 몇 명이 너무 나를 괴롭혔기 때문에 목사도 인간인지라 미운 마음이 들었던 것입니다. 하나님 앞에서 철저히 회개하면서 40일 금식기도가 끝나면 교회에 내려가 전 성도를 따뜻하게 사랑하리라! 굳게 다짐해 봅니다.

예수님이 나를 그렇게 사랑하셨는데 왜 나는 미운 마음이 그대로 남아 있었던가? 한 사람, 한 사람 이름을 불러가며 저들을 위해서 많이 울면서 기도하며 양떼들을 잘 돌보아 주고 잘 인도하여 하나님의 영광을 많이 드러내는 목사가 되리라 다짐합니다.

주여! 이 죄인이 여기까지 온 것은 하나님의 은혜요, 기름부음을 받아 목사가 된 것도 오직 하나님의 은혜요, 어려운 환경 중에서도 이렇게 대 교회를 건축한 것도 하나님의 은혜요, 이 부족한 종이 교회를 떠나서 기도하는 중에도 계속 성도들이 기도하고 교회가 부흥되고 있음도 하나님 은혜인 줄로 저는 확신합니다.

오 주여! 부족한 종에게 성령으로 충만하여 능력 있는 주의 사자가 되게 하옵소서! 아멘.

■ 3월 17일 40일 금식기도 9일째 화요일

행복은 만인의 원(願)입니다. 그러나 불행하게도 이 세상에는 행복이 없습니다. 만약 행복을 원한다면 자기가 하고 있는 일에 최선을 다하여 헌신하며 열심히 사는 길 밖에 없습니다. 행복을 날마다 창조해 나아가야 합니다.

〈자유론〉의 저자 존 스튜어트 밀은 "행복을 얻는 유일한 길은 행복을 인생의 목적으로 하지 않고 행복 이외의 딴 목적을 인생의 목적으로 삼는 것"이라고 밝힌 바 있습니다.

교육학자 루소는 "10세에는 과자에 의해 움직이고, 20세에는 연인에 의해 움직이고, 30세는 쾌락에 의해 움직이고, 40세는 야심에 의해 움직이고, 50세에는 탐욕에 의해 움직인다."고 주장했습니다. 인생의 나무에 언제 지혜의 열매가 열릴 것인가? 생각해 봅니다.

이 부족한 종에게 하나님께서 큰 은혜를 주셔서 40일 금식 9일째를 맞이하면서 새벽기도로부터 하루가 시작됩니다. 일어나니 또 코피가 쏟아지기 시작해서 지혈을 시키고 금식기도가 이렇게 힘들고 어려운 일인 것을 다시 한 번 깨달았습니다.

오늘은 기도드리면서 아침부터 저녁까지 계속 하나님의 말씀인 성경을 보면서 성경에 복이라는 말이 얼마나 많이 나오는가를 살펴보며 읽었습니다.

복이라는 말씀이 레위기에는 한 번 나오고, 신명기에는 많이 나오고, 여호수아에도 몇 번 나왔는데 분명한 것은 여호와 하나님만 순종하고 그 명령만 지키고 삶에서 나타내면 하나님께서는 무한한 축복을 본인에게만 아니라 자손들에게까지 넘치도록 내려주신다는 사실입니다. 하나님께 감사하면서 앞으로 금식기도가 끝나면 하나님께 영광을 돌리고 꼭 하나님께 인정받는 주의 사자가 되어서 어떠한 환경 속에서도 하나님의 말씀을 지키고 그 명령에 따라서 살리라고 다짐합니다.

오늘까지의 금식 중에도 하나님께서 은혜를 주셔서 하루하루 너무나 고귀하게 열심히 기도드리면서 성경을 읽고, 설교준비를 하고, 일기 쓰고, 다른 생각을 할 겨를이 없습니다. 이 밤도 부족한 종을 위해서 우리 신성교회의 장로님을 필두로 권사님 여러 성도들이 열심히 기도드리는 모습이 마치 환상처럼 떠오릅니다.

오늘은 사랑하는 내 동생 한상선 안수집사가 왔습니다. 사업에 대한 이야기를 들으면서 무슨 일을 하든지 결정할 때는 금식기도를 3일 하고 결정하라고 잘 일러서 보냈습니다.

오늘까지 지켜주신 하나님께 감사드리며, 이 밤도 예수님 품에 안겨서 단잠을 자게 하옵소서. 배안에서 자꾸 무엇이 올라오려고 하는 것 같아 조금 힘이 듭니다.

■ 3월 18일 40일 금식기도 10일째 수요일

18세기 독일의 세계적인 시인이요 극작가인 괴테(1749~1832)는 "재능은 고독 속에서 길러지고 성격은 대화 속에서 형성된다. 체험을 통해서 참 삶의 길은 열린다."고 주장했습니다.

그는 셰익스피어, 호메로스와 함께 세계적으로 매우 유명한 시인이며, 83세까지 천재적 재능을 마음껏 발휘한 위대한 작가입니다. 괴테는 "하늘에는 별이 있고, 땅에는 꽃이 있고, 사람에게는 사랑이 있어야 한다."고 말했습니다.

1. 온 겨레가 요구하는 인물(김용기 장로 생활헌장)

⑴ 한 마디 말이 약속어음으로 대용되는 인물이 됩시다.

⑵ 의지가 돌같이 굳고 무거워서 작은 일에나 큰일에나 마음이 요동치 않는 인물이 됩시다.

⑶ 무슨 일에든지 일정한 연구와 의견을 가지고 앞으로 발전하여 나가는 인물이 됩시다.

⑷ 작은 일에도 큰 사건과 같이 충성스럽게 실행하는 인물이 됩시다.

⑸ 자기 개인을 위한 야심이 아니고 인류와 사회와 남을 위하여 큰 포부로써 봉사하려는 마음이 불타오르는 인물이 됩시다.

⑹ 용기와 과단성에 적극성을 가진 인물이 됩시다.

⑺ 좋은 기회를 놓치지 말고 기회를 민첩하게 붙들어서 자기가 할 일을 유감없이 행하는 인물이 됩시다.

⑻ 많은 사람 가운데 가서라도 자기가 가진 의지와 자기의 올바른 독특성을 잃지 않고 뚜렷이 드러낼 수 있는 인물이 됩시다.

⑼ 아무리 천대받는 직업이나 노동이라도 부끄러워하지 않고 정열을 가지고 떳떳이 일할 수 있는 인물이 됩시다.

⑽ 일을 하다가 실패를 거듭 거듭하여도 불평과 낙망을 하지 않고 씩씩하고 기쁜 마음으로 성공할 수 있는 인물이 됩시다.

⑾ 경건하고 깨끗한 마음을 가진 인물이 됩시다.

⑿ 겸손하고 지혜로운 인물이 됩시다.

⒀ 모든 일을 반석 같은 신앙생활로써 이끌어 나가는 인물이 됩시다.

2. 우리나라가 이러한 상황일 때 이렇게 삽시다.

⑴ 음식 한 끼를 반드시 4시간씩 일하고 먹읍시다.

⑵ 버는 재주 없거든 쓰는 재주도 없도록 합시다.

⑶ 억지로 못살지 말고 억지로 잘 살도록 합시다.

⑷ 물질과 권력과 지식과 기술을 바로 쓸 줄 아는 국민이 됩시다.

⑸ 물질의 빚을 지지 맙시다.

⑹ 우리국민의 뛰어남을 말과 마음과 일과 행동으로 드러냅시다.

⑺ 외모만 아름답게 단장하지 말고 마음을 더 아름답게 단장합시다.

⑻ 시대적인 외세의 유행에 따르지 말고 우리 국민의 시대적인 감각을 바로 살립시다.

⑼ 국토 통일보다 먼저 가정과 단체 통일을 빨리 합시다.

⑽ 반공 승공의 길은 빈궁을 먼저 막아야 합니다.

⑾ 하라고 하는 국민이 되지 말고 하는 국민이 됩시다.

⑿ 육체의 잠이 깊이 들면 물질의 도적을 맞게 되고 심령의 잠이 깊이 들면 멸망케 됩니다.

⒀ 창조주 하나님을 외국 사람에게 빼앗기지 말고 우리 온 국민의 아버지로 삼읍시다.

3. 7대 강령

(1) 우리는 역사의 동상이 됩시다.

(2) 우리는 시대의 등불이 됩시다.

(3) 우리는 판단의 저울이 됩시다.

(4) 우리는 문화의 발판이 됩시다.

(5) 우리는 선악의 거울이 됩시다.

(6) 우리는 지식의 채찍을 가합시다.

(7) 우리는 신앙의 불길을 일으킵시다.

4. 우리의 생활신조

(1) 윤리를 되찾아 부모님께 효도하며 삽시다.

(2) 씨족관념을 버리고 다 하나가 되어 삽시다.

(3) 지방적인 파벌의식을 버리고 삽시다.

(4) 남을 멸시하는 계급의식을 버리고 삽시다.

(5) 빈부귀천의 거리를 없애고 삽시다.

(6) 빼앗지도 말고 빼앗기지도 말고 서로 주면서 삽시다.

(7) 사람은 누구나 다 연쇄적인 책임을 가지고 삽시다.

(8) 목적은 하나가 되고 소질과 재능에 따라 힘써 일하며 삽시다.

(9) 만유의 구세주 그리스도를 중심으로 삼아봅시다.

5. 죽은 자 가운데서 일어나자

(1) 맥박은 뛰면서 정신은 침체되고 늙지도 않았으면서 늙은 척하

고 병자 아닌 병자의 탈을 쓴 속에서 고쳐 일합시다.

⑵ 근로 노동자들은 자체가 지닌 인류 사회 발달 과정의 가장 위대한 힘을 뜻 있고 값있게 발휘하여 봅시다.

⑶ 농민들은 국가의 기본 바탕 됨을 깨달아 기회를 놓치지 말고 실권 있는 주권행사를 바로 하여 후회됨이 없도록 합시다.

⑷ 듣기를 원하기보다 보기를 원하는 시대를 사는 스승들은 지식이나 기술만이 스승이 되지 말고 생활로 보여주는 스승이 됩시다.

⑸ 배움의 길에선 학도는 퇴폐풍조를 박멸하는 정의의 전위 부대가 됩시다.

⑹ 경세제민의 경륜을 가슴에 품는 정치인들은 타인의 비판을 두려워하거나 눈치를 보지 말고 자신의 날카로운 양심의 비판을 받아서 정치를 합시다.

⑺ 목숨을 바쳐 국방을 담당하는 장병들은 먼저 자신에게 소리 없이, 보임 없이 침투하는 적을 용감하고 씩씩하게 방비할 때가 이때임을 알아야 합니다.

⑻ 악한 일에는 약하고 무능하나 선한 일에는 강하고 담대 합시다.

⑼ 애국애족을 표방하면서 자기 자신을 불의에 빠뜨리고 어리석은 행동과 사고방식에서 돌아설 때가 이때임을 알아야 합니다.

⑽ 생존에 급급한 삶을 사는 것이 아니니 생활의 번영과 소망을 찾아 활동하는 의욕이 벅찬 생활을 합시다.

⑾ 조물주 하나님을 닮아 우리들도 끊임없이 움직여 오르고 또 올라서 조물주와 영원무궁토록 살 때까지 뛰어 움직여야 합니다.

6. 자존의 깨달음

⑴ 배울 것을 배우며 알 것을 알아서 진정하고 영원한 행복을 찾

아 누림이 참 배움입니다.

⑵ 전 세계와 온 국가를 알고 싶거든 곧 자기 가정을 먼저 알아야 합니다.

⑶ 온 국민 나아가 전 인류가 잘 되기를 진심으로 원하거든 자기 자신이 잘될 일을 먼저 찾아 합시다.

⑷ 인간 됨이란 자신이 인간 됨을 깨닫고 인간 된 그 위치와 지위를 바로 지킬 줄 아는 바로 그것입니다.

⑸ 인간은 누구나 불행과 고통을 싫어합니다. 그러나 그 속에 빠지는 자는 결국 자신들이 자청한 바임을 알아야 합니다.

⑹ 우주 안이 행복과 복락으로 가득 차 있음을 깨달아 볼 수 있고 찾아 가질 수 있는 자가 참 큰자요 참 행복자입니다

⑺ 자기 몫의 일을 완전히 실행하는 자는 인류사랑, 민족사랑, 부모 사랑, 자신 사랑 그것이 조물주 하나님을 사랑할 수 있는 비결을 가진 자입니다.

⑻ 인간이 어디로부터 와서, 무엇을 하다가, 어디로 가서, 어떻게 되느냐 하는 것을 배우는 것이 바로 인생 최대의 지식과 학문입니다.

⑼ 구세주 예수를 바로 배우고 믿음으로 영원한 행복을 누리는 것, 이것은 준 자와 받은 자만이 아는 극비에 속하는 참 행복입니다.

오늘은 김용기 장로의 책을 보면서 좋은 양식을 얻었습니다. 어느덧 40일 금식 10일이 지나가고 있습니다. 오늘도 지켜주신 하나님께 감사하면서 마치는 날까지 꼭 승리하게 하옵소서.

■ 3월 19일 40일 금식기도 11일째 목요일

오늘은 우리가 머물고 있는 은혜의 동산 기도원 금식실에서 40일 금식기도를 마친 사람에게 축하하면서 부활예배를 드린 날입니다.

기도원 원장으로부터 시편 62:1~2절을 중심으로 '신, 불신 간에 궁휼히 여기라'는 설교를 들었습니다. 나보다 못한 사람이나 예수 믿지 않는 사람을 불쌍히 여기라는 말씀에 은혜를 받았습니다. 만나는 사람마다 불쌍히 여기리라 다짐해 봅니다.

40일 금식기도를 마친 사람에게 성경과 간증집과 구두티켓을 선물로 줍니다.

아무리 생각해 보아도 에벤에셀 여기까지 도와주신 하나님, 인도하신 하나님께 감사하면서 은혜의 동산 기도원에 들어오기를 잘했다고 생각합니다. 경험도 풍부하고, 잠자리도 따뜻하고, 모두 무료로 제공하니 그저 하나님께 감사할 뿐입니다.

오늘은 김용성 목사, 최인권 목사, 이기우 장로, 박창남 집사, 아내가 찾아와 예배드리고 하판점 권사님도 오셨습니다. 금식기도하면서 큰 위로가 됩니다.

오늘 목욕탕에서 몸무게를 재니 40일 금식 11일째 되는 날인데 8kg의 몸무게가 줄었습니다. 금식 시작하기 전에 68kg이었는데 오늘은 60kg 밖에 안 되었습니다. 그러나 하나님께서 축복을 주셔서 반드시 40일 금식에서 승리하게 해주실 줄로 믿고 열심히 기도하며 성경을 읽고 있는데 성경에 축복이라는 말씀이 얼마나 나오나 노트에 기록해 가면서 읽고 있습니다. 오늘 창세기부터 사무엘까지 읽어보니 모두 179번의 복이라는 단어가 나왔습니다. 복 받는 일을 해야 하나님께 복을 주시는 것을 확실히 믿고 깨닫게 됩니다.

오늘까지 설교 4편을 준비하였고, 신구약 성경을 완전히 한번 읽고 다시 한 번 정독해 나가고 있습니다. 날마다 일기장을 기록하는 일도 쉬운 일이 아닙니다.

이번 40일 금식기도 시간에 하나님께 인정받는 종, 성령 충만하여 능력 있는 사자가 되기 위하여 오늘도 하나님께 간절히 기도하고 있습니다. 교회 부흥이나, 교회 빚이나, 선교사 보내는 일이나, 농촌 교회 돕는 일은 이 종에게 하나님께서 능력만 주시면 속히 해결될 줄로 확실히 믿고 있습니다.

오늘까지 무사하고 평안히 인도하시는 하나님! 금식이 끝나는 날까지 지켜주실 줄로 믿습니다.

■ 3월20일 40일 금식기도 12일째 금요일

우리 민족의 일곱 가지 병폐
1. 창조주 하나님을 믿지 않습니다.
2. 일하기 싫어하고 나태합니다.
3. 계획성이 없습니다.
4. 경제생활을 할 줄 모릅니다.
5. 의타심이 많습니다.
6. 단결성이 없습니다.
7. 봉사정신이 없습니다.

잘사는 법
왜 가난한가? 나쁜 습관 때문입니다.

넥타이 매지 말고, 고무신 신고, 머리 짧게 깎고, 세수 비누를 남자는 세 번 여자 네 번만 문지르고 치약 3mm 이상 쓰지 맙시다. 다방, 극장 안가고, 도박, 당구, 바둑, 장기에 시간 빼앗기지 말고, 술, 담배를 금합시다. 절제생활이 부자로 만듭니다.

1. 아랫사람에게 미루는 폐습을 버려야 합니다.
2. 새로운 경제생활을 합시다.
3. 주생활의 개선- 적당한 온도를 유지합시다.
4. 식생활의 개선 – 간단한 식사를 합시다.
5. 의생활의 개선 – 깨끗한 옷으로 단장을 합시다.
6. 의식 개선 – 깨끗한 가정을 만듭시다.
7. 육체 면의 개선 – 얼굴보다 내면이 중요합니다.
8. 미신을 타파합시다.
9. 이농방지 – 고구마가 쌀보다 영양가가 높습니다. 쌀 한 말 영양분은 고구마 3되와 같습니다.

한 교회가 부흥되려면 반드시 희생하는 인물이 있어야 합니다. 내 자신이 죽고 주님을 위해 거름이 되어야 교회가 부흥됩니다. 온갖 쓰레기가 죽어 썩은 것일지라도 일단 흙 속에 들어가면 새 생명을 키우는 퇴비가 되고, 흙이 되고, 생명의 자양분이 되듯이 내 자신을 하나님의 말씀으로 희생하여 성도의 가슴에 큰 소망을 불어넣는다면 새 생명으로 되살아나는 부활의 새 아침이 올 줄로 확신합니다.

덕불고(德不孤): 덕스럽게 살면 외롭지 않다.

신성교회에 부임한지 만 4년, 고달프고, 외롭고, 때로는 괴로웠습니다. 위로해 주는 사람은 극히 드물었고 대부분 나를 어렵게 만드는 사람들이었습니다. 그러나 그때마다 몇 분의 권사님들이 나를 기쁘게 해주셨고 새 용기를 주셨습니다.

그래서 오늘날 건평 700여 평의 교회를 건축하고 350여명이 넘는 성도들이 모이는 하나님의 축복이 있게 된 것을 나는 하나님께 무한히 감사드립니다.

40일 금식 12일째 오늘은 조금 어려워지고 있습니다. 열왕기하와 역대상을 읽으면서 아직까지 복을 찾아보지 못했습니다. 큰 교훈을 받은 것은 이렇습니다. 수많은 왕들이 지상에 왔다가 가는데, 하나님 앞에서 정직하고 성실하게 살았던 왕은 하나님이 함께 하시고, 하나님께서 축복하시고, 20년, 40년 왕의 지위에 앉아 있게 하셨고, 악하고, 우상을 섬기고, 게으르고, 바로 살지 못하는 왕은 병들고, 단명하고, 10년도 못 가서 왕의 자리에서 끌어내리는 것을 보았습니다.

정직한 교회, 성실한 교회, 충실한 교회, 하나님 앞에서 바로 서서 살리라 다짐해 봅니다.

가나안 농군학교 교장이셨던 김용기 장로의 〈나의 한길 60년〉이란 책에서 큰 감명을 받습니다. 그는 몸으로 실천하는 한국 강산의 산 증인의 삶을 살았습니다. 나도 이 정신을 본받으리라 다짐합니다.

박정희 대통령이 가나안 농군 학교에 찾아와서 한 말입니다. "나는 정치 혁명을 일으켰습니다만, 김 장로님께서는 생활 혁명을 일으켰습니다."

농군학교 설립 의의

1. 우리 민족의 주체성 확립
2. 바람직한 국민윤리 규범의 생활화
3. 책임 있고 민족적인 지도자의 인격 함양
4. 올바른 국가관 사회관 가정관 확립
5. 우리 실정에 맞는 근검절약 생활화
6. 능력 개발을 통하여 빈궁을 막는 교회

필리핀 세이비어 대학 인문학 명예박사 수여식

1. 하나님과 자기 자신에 대한 굳은 신념
2. 근로와 그 소득에 대한 높은 존중
3. 자연과 그 힘을 소중히 여기는 일
4. 휴식을 모르고 일하는 다른 사람들에 대한 관심

새 마음 운동

1. 각자 개개인이 새 마음 운동을 일으켜 펼쳐야 합니다.
2. 새 가정 운동을 일으켜야 합니다.
3. 이웃을 사랑하는 새 마음 운동을 일으켜 펼쳐야 합니다.
4. 새 직장 운동을 일으켜야 합니다.
5. 새 국가 운동을 일으켜야 합니다.

가나안 농군학교 김용기 장로님는 평생을 하나님의 뜻대로 살다가 하나님 앞에 가셨습니다. 많은 은혜를 받고 많은 깨달음을 받았습니다.

오늘은 춘분입니다. 오후부터 봄이 시작된 날입니다. 그러나 은혜의 동산 기도원에는 아직도 봄기운이 없습니다.

오늘이 금식 12일째인데 왜 이렇게 힘이 들고 어려운가! 예수님 십자가를 생각하면서 오늘도 성경 읽고, 기도하고, 김용기 장로의 〈나의 한길 60년〉이라는 책이 읽으니 날이 저물었습니다.

■ 3월 21일 40일 금식기도 13일째 토요일

오늘은 40일 금식기도 13일째가 되는 날입니다. 열심히 성경 읽고 기도하다 보니 어느덧 해가 서산에 기울었습니다. 일어나 보니 현기증이 나고 어지러워 몸을 마음대로 움직이기가 어렵습니다. 주여 부족한 종을 위해 십자가의 온갖 수모와 보혈로 내 죄를 씻어 주셨는데 어떻게 내가 두려워하겠습니까? 주여 나를 도와주소서!

하나님 은혜 그저 감사합니다.

이번 40일 금식기도 기간에 성경말씀을 완전히 나의 양식, 영적 생수로 받아들이고, 말보다는 말씀에 능력이 가득함을 깨닫고, 앞으로는 본문설교 강해 설교를 하려고 애를 쓸 것입니다. 그 동안 내 마음속에 맺혀 있던 한, 설움, 뭉쳐 있던 외로움과 괴로움을 이번 기간에 모두 털어 버리고 어떤 일이 있어도 사랑하며 눈물로 기도해 줄 수 있는 능력의 주의 사자가 되리라 다짐해 봅니다.

우리나라가 농업사회에서 공업사회로 바꿔지고, 공업사회에서 정보사회로 바꿔지고 있는데, 교회도 옛날 방식에서 바꿔져서 육적인 것에서 영적인 것으로 완전히 바꿔져야 합니다.

바닷물이 썩지 않는 것은 3%의 염분이 있어서 썩지 않는 것처럼 우리 교회 성도들이 모두가 소금이 되어서 내 가정의 부패를 막고, 하나님 앞에서 떳떳하게 살아가도록 해야 합니다. 우리 교회가 서로 뜨겁게 사랑하는 교회가 되려면 모든 성도들이 성령의 불을 받고 완전히 녹아지고 바꿔져야 합니다.

한국 교회가 성장한 이유는
1. 핍박받는 교회
2. 선포하는 교회
3. 기도하는 교회였기 때문이라고 한다면,

우리 교회는
1. 사랑하는 교회
2. 주는 교회

3. 뜨거운 교회

4. 겸손한 교회로 만들어야 합니다.

세계의 성공자 가운데 84%가 가난한 가정 출신이요, 세계 화가의 74%가 가난한 사람들입니다. 우리는 말씀에 가난해지고, 기도에 가난해지고, 서로 가난한 마음으로 살아서 꼭 하나님의 뜻을 이루는 하나님의 자녀가 되어야겠습니다.

오 주여! 내 영 안을 열어주소서. 능력 있는 주의 사자가 되게 하소서. 꼭 이루어 주실 줄 믿습니다.

■ 3월 22일 40일 금식기도 14일째 주일

앗시시의 성자 프란체스코(Francesco 1182~1226)는 이탈리아 수도회를 창설한 성자입니다. 그는 신에 대한 사랑, 자연에 대한 사랑, 이웃에 대한 사랑이 그의 생활과 인격을 일관했습니다. 프란체스코의 기도는 하나님의 평화가 이 땅에 실현되기 위한 기도입니다.

미움이 있는 곳에는 사랑의 씨를 뿌리고
서로 해치는 곳에는 용서를 심고
불화의 가시 돋친 곳에는 화목을 가져오고
과오가 있는 곳에는 진실의 빛을 비치고
절망하는 자에게 희망을 주고
암흑의 땅에는 광명을 던지고
슬픔의 땅에는 기쁨을 가져올 수 있게 해달라고 간절히 기도했습니다.

인간이 가질 수 있는 가장 아름다운 기도. 오 주여! 종에게도 이 아름다운 기도가 나올 수 있도록 인도하여 주소서.

오늘은 40일 금식기도 14일째 주일날입니다. 우리 신성교회는 어떻게 주일을 지키고 있을까? 내일 우리 집이 이사를 하는 날인데 어떻게 이사 준비를 하고 있을까? 매우 궁금합니다. 이 기도원에 들어올 때 생명을 걸고 일사각오(一死覺悟)를 하고 들어온 몸입니다. 죽는 몸이 무슨 잔소리가 있는가? 주어진 대로 살면 되는 것이지!

어제 저녁에는 코에서 피가 펑펑 쏟아져서 상당히 당황을 했습니다. 고비가 있다더니 금식 7일째 고비가 있었고, 13일째 되는 날 고비가 있었는데 코에 피가 네 번째 터지고 보니 일 년에 한번 있을 듯 마는 듯 했던 일을 보름 사이에 네 번이나 겪은 셈입니다. 그러나 하나님께 감사한 것은 여기까지 무사히 인도해 주신 것을 감사하고, 남은 시간도 하나님께서 인도해 주실 줄 확신합니다.

오늘도 주일예배는 여기서 드리고 하나님께 기도드리는데, 우리 신성교회 성도들이 새벽마다 모여서 이 부족한 종을 위해 기도드리고, 저녁마다 모여서 열심히 기도드리는 모습이 눈에 선하여 얼마나 큰 힘이 되고 얼마나 큰 위로가 되는지 모릅니다. 우리 집에서도 집사람, 소영, 신영, 신이가 계속 기도하고 있으며, 어머님, 동생들, 조카들 모두 기도하고 있으니 하나님이 이 부족한 사람과 함께 계심을 체험하면서 오늘도 힘차게 앞으로 전진합니다.

■ 3월 23일 40일 금식기도 15일째 월요일 비

독일의 실존철학자 칼 야스퍼스는 말했습니다. "자기의 판단과 책임 하에 자기가 선택하고 결단을 해야 합니다. 유물론(唯物論)을 택하느냐, 유심론(唯心論)을 택하느냐, 이상주의를 택하느냐, 허무주의를 택하느냐, 참여하느냐, 도피하느냐, 행동하느냐, 방관하느냐를 내가 선택하고 내가 결단해야 합니다. 철학을 한다는 것은 인생의 진지하고 엄숙한 결단을 내리는 것입니다.”

이런 의미에서 나는 40일 금식기도를 선택했고, 결단을 내리고, 벌써 15일이 지나가고 있습니다. 오늘은 소금물을 5컵 정도 마시고 관장을 했는데 참으로 어려운 고비를 지나면서 아직도 숙변은 덜 나온 것 같습니다.

이 산에 올라와 하루하루 하나님의 은혜 가운데 감사하면서 잘 지내고 있는데 아직도 25일이 남아 있습니다. 오늘 집의 이사는 무사히 끝냈을까? 문제는 저녁에는 글자가 제대로 보이지 않아 글쓰기가 어렵다는 것입니다. 이번 기간은 나의 일생 중 가장 귀하고 중요한 시기입니다.

40일 금식기도 기간에 하나님께서 이 부족한 종에게 성령으로 충만케 하셔서 능력의 사자가 되어 성도들을 항상 푸른 초장 잔잔한 물가로 인도하는 종이 되리라 생각합니다. 또한 그 동안 가슴에 맺혀 있던 미움과 원망은 지난 13일째 되던 날 완전히 사라졌습니다. 앞으로는 절대로 미워하지 않고 뜨겁게 사랑하리라. 원수라도 사랑하리라. 주님께 인정받는 종이 되리라고 굳게 다짐합니다.

1963년 11월 22일 흉탄에 쓰러진 미국의 젊은 대통령 J. F. 케네디는 “새로운 개척지의 새로운 개척자가 되기를 바란다.”고 뉴프런티어의 정신을 강조했습니다. 케네디는 1961년 1월 20일 제 35대 대통령 취임 연설에서 “네 나라가 네게 무엇을 해 줄 수 있는가를 묻지 말고 네가 나라를 위해서 무슨 일을 할 수 있는가.”를 물어 달라고 새로운 애국심을 촉구했으며 또 암살되기 전날 만찬회 석상에서 “비전 없는 국민은 망한다.”는 말을 했습니다.

케네디가 매사추세츠 상원에서 행한 고별연설에서 한 말입니다. “우리는 먼 훗날 역사의 심판대 앞에 설 것인데 그때 역사는 우리에게 몇 가지 질문을 할 것인데 어떻게 대답할 것인가?
　1. 우리는 참으로 용기 있는 인간이었는가?
　2. 우리는 참으로 현명한 인간이었는가?
　3. 우리는 참으로 성실한 인간이었는가?
　4. 우리는 참으로 헌신한 인간이었는가?"

위대한 미국의 대통령 케네디는 지구상에서 사라졌지만 지금도 그 음성은 쟁쟁하게 들려오고 있으며, 젊은이들에게 이상을 주고 애국심을 심어 주고 있습니다.

이번 40일 금식기도 기간에 나 자신이 참으로 많이 성장했음을 알 수 있습니다. 신령한 기도, 깊은 영적 성경연구, 하나님께서 주신 큰사랑을 구구절절 체험하고 있습니다.

은혜의 동산 기도원 원장님에게 감사를 드립니다. 금년 46세인데 그 몸을 완전히 하나님께 바쳤고 사리사욕이 전혀 없습니다. 주고 싶어서 견딜 수 없는 그분의 마음과 신유의 역사가 나타나 앉은뱅이가 일어나고, 암이 떠나가고, 팔의 암도 즉석에서 고칩니다.
오 주여! 종에게 큰 은혜를 주셔서 저에게도 이 능력을 주시옵소서. 하나님께 간절히 기도드리는 가운데 이 밤도 저물어 갑니다.

■ 3월 24일 40일 금식기도 16일째 화요일

노벨(Nobel 1833~1896)은 스웨덴 화학 기술자요, 다이너마이트를 발명한 발명가요, 노벨상의 창시자입니다. 노벨은 말했습니다. "나는 그 어려움 속에서도 확고한 신념을 버리지 않고 연구를 거듭했습니다. 그 결과 액체를 고체로 바꾼 뇌산 수은을 사용한 새로운 폭약인 다이너마이트를 만드는데 성공했습니다." 노벨은 액체 계량기,

청우계 등도 만들었습니다. 1863년 광산에서 쓰이는 폭약을 발명했고, 1887년에는 그보다 성능이 훨씬 우수한 다이너마이트를 만들고 거부가 되었습니다.

그런데 이 다이너마이트가 인류의 발전과 생산에도 이바지했지만 너무나 많은 인류의 목숨과 산업 시설을 파괴하는데 사용되었기 때문에 노벨은 64세에 세상을 떠나면서 자기 재산 3,150만 크로네를 희사하여 인류에게 공헌한 사람에게 줄 수 있는 상을 제정했는데 그 상이 노벨상입니다.

1901년 12월 10일 최초로 노벨상이 시상된 이래 세상에 많은 사람들이 이 상을 받으면서 높이 바라보고 노벨상을 귀하게 여깁니다.

오늘 우리는 이기심을 버리고 나에게 주신 건강, 물질, 재주, 학식 모두를 하나님을 위해 사용하고 이 사회에 환원해야 합니다.

이 부족한 종에게 은혜를 주셔서 40일 금식기도 16일째를 보내면서 오늘은 박귀만, 이기우, 권달삼 장로님, 김석호 전도사님과 아내가 다녀갔습니다. 박 장로님은 나에게 금식을 20일만 하면 어떻겠느냐고 질문하시기에 '나를 이처럼 사랑하는구나.' 생각하면서 감사했습니다.

그분들이 떠나고 오늘도 계속해서 하나님께 기도드리는데 은혜가 넘쳤고 하나님께 감사했습니다. 오후에는 체온이 떨어지고, 오한이 생기는 어려움도 있었지만 하나님께서 지켜주시는 줄로 알고 감사드립니다. 날마다 하나님께서 종의 건강을 지켜주시는 줄로 믿고 우리 신성교회에서 이 부족한 종을 위하여 새벽마다, 저녁마다, 간절히 기도드리고 있는 모습을 생각하니 하나님의 은혜요 나에게는 큰 힘이 됩니다.

내일은 이 기도원에서 축제가 열리는 날인데 이 부족한 종에게 낮

예배 설교를 부탁해서 감사한 마음으로 인도하기로 했습니다.

하나님 꼭 지켜주셔서 이 금식을 무사히 마치도록 인도하여 주시옵소서!

■ 3월 25일 40일 금식기도 17일째 수요일 흐림

오늘은 40일 금식 17일째 되는 날입니다. 임마누엘 하나님께서 함께 하셔서 여기까지 무사히 지나오게 하시니 감사, 감사합니다.

오늘 새벽에는 성전에서 예배를 드리는데 한 사람이 소천(召天)해서 들것에 실려 나가는 것을 보았습니다. 은혜의 동산 기도원에 와서 세 번째 소천 하는 모습을 보았고 소천 하는 사람은 반드시 새벽 기도 시간에 하나님이 부르시는 것을 체험했습니다.

오늘 오전 10시에 부족한 종에게 설교를 해달라는 은혜의 동산 기도원의 요청에 따라 이 기도원에서 네 번째 설교를 하게 되었습니다.

이 기간은 기도원의 축제기간으로 내일은 대 잔치가 있는 날인데 오늘은 전야제로 준비하는 날입니다. 600~700여 명의 성도들이 모인 성전에서 요한복음 3:14~17절 말씀을 가지고 예수 십자가의 큰사랑이라는 제목으로 열심히 복음을 증거 하였습니다.

예배를 마치고 금식관에 들어오니 목이 따갑고 가슴까지 아프고 역시 금식 17일이라는 이 기간이 참으로 어렵고 힘들고 괴롭지만 예수 그리스도의 십자가 사랑을 바라보면서 승리하리라 확신합니다.

저녁은 이 기도원의 기념 축제 전야제로 모이는데 앞에서 청년들이 열심히 찬송을 인도하고 성도들이 일어서서 덩실덩실 춤을 추는데 이곳이 천국이구나 생각을 하며 눈물로 감사하면서 예배를 드렸습니다.

저녁에는 사무엘이 축복으로 부모를 만나서 선지자가 되고, 제사장이 되고, 이스라엘의 국부가 되었다는 내용으로 기도원 원장님이 말씀을 전하시고 사이사이 무용단들이 나와서 춤을 추면서 하나님께 영광을 돌렸습니다. 기도원의 어린이들이 나와서 유희를 하는 것은 참으로 귀여웠습니다.

나도 교회에 돌아가면 가끔 축제도 열고 어린이들을 열심히 가르쳐서 유희도 하고 하나님께 영광을 돌리도록 크게 힘쓰는 삶을 살아야겠다는 생각을 해봅니다.

하나님! 금식 17일을 무사히 지나게 하시니 감사합니다. 남은 23일 동안도 하나님께서 함께 하셔서 금식 40일을 꼭 승리하게 하시옵소서.

■ 3월 26일 40일 금식기도 18일째 목요일 맑음

오늘은 금식 18일째 되는 날입니다. 오늘부터 약간 힘이 들고 물을 마음대로 마시기가 어렵습니다.

40일 금식을 하던 집사 두 사람이 정신에 이상이 생겨서 소리치고 야단입니다. 집사들은 금식 40일은 삼가야 합니다. 오늘은 금식 40일이 끝난 5명이 부활예배를 드렸는데 저들이 한없이 부러웠습니다.

오늘은 이 은혜의 동산 기도원의 축제와 기념행사를 치르면서 전국에 있는 은혜의 동산 기도원 어린이들이 모여서 온갖 재롱과 율동으로 우리를 기쁘게 하고 하나님께 영광을 돌렸습니다. 어린이집의 아이들이 모두 1,300명인데 대부분 불치의 병에 걸려 죽게 되었는데 기도원 원장님이 고쳐주어 재생의 길을 찾은 어린이들입니다.

오늘은 예배 후에 은혜의 동산 기도원을 찾은 수많은 성도들에게 불고기 파티가 있었습니다. 돼지를 50마리나 잡았다고 합니다. 참쌀로 밥을 지어서 이 기도원에 온 사람은 누구든지 먹고 가라고 했습니다. 이 사랑, 이 주는 사랑을 본받아야 합니다.

오늘은 어머님과 큰 동생 내외가 와서 큰 힘이 되었습니다. 어머님이 용돈을 주셨는데 이 일도 나에게 큰 힘이 됩니다. 하판점 권사님도 오셔서 간절히 기도해 주시고 가셨습니다. 이 일도 큰 힘이 됩니다.

금식기도 40일 18일째 되는 오늘은 쉽지 않습니다. 산에서 기도하는 기도시간에 산에 올라가는데 발에 힘이 부족한 것을 절실히 느끼게 되었습니다.

하나님 금식일이 22일 남았는데 하루하루를 기쁘고 즐겁게 언제 지나간 줄도 모르게 지나가게 하옵소서. 이 부족한 종을 위하여 기도하는 부모형제, 아내, 세 자녀들, 우리 신성교회 성도들도 모두 승리하게 하옵소서. 하나님께서 꼭 승리하게 인도하여 주실 줄 확실히 믿습니다.

■ 3월 27일 40일 금식기도 19일째 금요일 맑음

조선 중엽 거유(巨儒) 이율곡 선생은 "우리는 뜻을 세우되 (입지, 立志) 대지(大志)를 세우고, 옳은 뜻을 세우며 (정지, 正志), 지(知)를 밝히되 총명하게 지를 알아야 하고 크고 작은 모든 일에 대해서 올바른 판단력의 소유자가 되며 그 다음 행동을 실(實)하게 해야 합니다. 옳은 일은 힘써 행하고, 옳지 않은 일은 절대로 하지 않도록 노력해야 합니다." 라고 주장했습니다.

니체라는 철학자는 "행복은 일이요, 사업이요, 활동이요, 개척이요, 창조요, 건설입니다. 여자는 애정으로 행복하게 살지만 남자는 사업과 활동으로 삽니다. 새 시대, 새 젊은들, 새 민족의 일꾼들은 자기 일에 전력을 다하는 사람입니다." 라는 말을 했습니다.

오늘은 40일 금식기도 19일째 되는 날입니다. 우리교회에서 최인권 부목사, 박용묵 집사, 채승기 권사, 박현숙 권사, 김을례 권사, 이상조 권사, 최성숙 권사, 우귀옥 권사, 집사람 이렇게 심방을 와서 예배드리고 갔습니다.

물만 마시고 19일이 지나니 몸무게가 12kg이 줄었고 배 가죽은 등 뒤에 붙었습니다. 그러나 기도는 하나님께서 새 힘을 주셔서 영적으로 더 깊어가고 있습니다. 하루하루 지내는 것이 하나님의 은혜요, 하나님의 축복입니다.

주여 감사합니다.
하산(下山)한 후에도 내 일생 내 입으로 주께 감사만 드립니다. 감사의 입술이 되게 하옵소서!
무슨 일을 만나든지 '아멘'입니다. 이 말이 입술에서 계속 터지게 하옵소서!
하나님 일할 때 사랑합니다. 용서합니다. 이 대답이 나오도록 하나님 함께 하옵소서!
하나님 이 둔한 입술을 열어서 하나님의 큰 뜻을 이루게 하소서!
주여! 종에게 기도의 제목이 있습니다. 목회학 박사(D. Min)학위 코스가 남았습니다. 꼭 공부해서 이루어지는 날이 오게 하옵소서!
주여! 성령으로 충만하여 능력 있는 주의 사자로 만들어 주옵소서!
오늘도 금식하는 가운데 하루해가 저물었습니다.

■ 3월 28일 40일 금식기도 20일째 토요일 맑음

석가는 죽음을 앞두고 제자 아난다에게 마지막으로 가르쳤습니다.

아난다가 스승 석가에게 "선생님이 돌아가시면 저희들은 누구를 믿고 무엇을 의지하며 살아가면 좋겠습니까?" 라고 물었습니다. 석가는 아난다에게 말했습니다. "자기 자신을 등불로 삼고 살아가라. 자신이 등불로 삼을 것은 돈, 지위, 권력이 아니요 타인도 아니요 진정한 자기 자신이니라. 또한 진리가 나의 등불인데 자명등, 법등명 이것이 불교의 진리이니라." 불교는 자력주의(自力主義) 인생관을 가지고 삽니다. 게으르지 말고 노력하라고 당부하고 세상을 떠났습니다.

기독교에서도 "너희는 세상의 빛이 되고 소금이 되라"고 예수께서 가르쳤습니다. 그러나 그 빛이 바로 예수 그리스도요 소금의 근본 원리가 예수 그리스도(Jesus Christ)입니다.

오늘은 금식 40일을 작정하고 20일째 지나는 날입니다. 하나님께서 부족한 종을 사랑하셔서 여기까지 잘 인도해 주신 것을 하나님께 무한히 감사를 드립니다.

오늘 아침, 잠에서 깨어나니 옆방에서 배봉호 집사 부인의 기도 소리가 요란스럽게 들려왔습니다. 찾아가 방문을 열어보니 배봉호 집사가 금식 40일째 되는 날인데 싸늘한 시체로 변해가고 있었습니다. 배봉호 집사는 독산동성결교회 안수집사인데 내가 은혜의 동산 기도원에 처음 들어올 때 반갑게 맞이해 주고 친절히 말을 건네주던 집사인데 35일 될 때부터 눈동자가 돌아가고 그 체력이 점점 약해졌는데 아무 경험이 없던 나로서는 큰 도움을 줄 수 없었습니다. 금식자가 20여 명 모여서 힘차게 찬송하고 열심히 기도 드렸지만 우리 힘은 한계가 있었습니다. 병원으로 후송시켰는데 소천 했다고 전화가 왔습니다. 우울한 날이었습니다. 성직자 외의 평신도들은 절대로 금식 20일이 넘지 않도록 조심해야 합니다.

오후에 이도영 목사, 박병덕 목사, 우리 집 온 식구들과 막내 동생 온 가족, 김선필 집사, 은영이 이모가 심방을 와서 큰 위로가 되었습니다. 오늘은 힘이 들어서 산에 올라가 기도하는 시간도 가질 수가 없었습니다.

■ 3월 29일 40일 금식기도 21일째 주일 맑음

은혜의 동산 기도원에 올라와서 세 번째 주일을 맞는 날이요, 21째 되는 날입니다. 40일 금식이 말로 듣던 것보다 직접 참여해 보니 정말 어렵고 고달픔을 느낍니다. 오늘은 주일인데 우리 신성교회는 어떻게 보내고 있는가? 교회 당회장이 오래 떠나 있으니 교인들은 얼마나 궁금하며 또한 나도 너무나 성도들이 보고 싶은 마음이 간절합니다.

오늘은 예배 후 이상조 권사님과 김귀남 집사, 주부삼 집사, 김귀남 집사 막내아들이 와서 같이 기도드리고 또 면도기, 치약, 칫솔, 수건, 등등 여러 가지 선물을 받으면서 하나님께서 저들에게 크게 복 내려 주시기를 기도 드렸습니다.

오늘은 정 목사가 구두를 잃어버려 애타게 찾고 있습니다. 그는 40일 금식기도가 끝나고 보호식도 끝났으며 내일 귀가하는데 참으로 불쌍한 사람입니다. 개척교회를 하는데 정상인처럼 말도 제대로 못하며 교인은 두 명뿐이라고 했습니다. 너무 힘든 모습을 보면서 내가 신던 구두를 그에게 주었습니다. 돌고 도는 세상인데 주고받으면서 사는 것이 인생입니다. 우리 주님께서 친히 말씀하신 "주는 것이 받는 것 보다 복이 있다." 라는 말씀을 상기해 봅니다.

같이 금식을 하다가 금식 40일째인 어제 소천 했던 배봉호 집사의 장례식을 내일 거행키로 했다는 소식을 들었고 서울신대를 졸업한 김병식 선생이 20일 금식을 작정하고 시작했다가 오늘 충격이 되어 그만두고 하산할 것을 상담해서 다시 기도하기로 하고 돌아왔습니다.

오늘도 우리 주님의 십자가를 생각하면서 끝가지 견디는 자는 복이 있다는 야고보 사도의 말씀을 상기해 봅니다. 오늘, 의정부에서 올라온 목사 한 분이 금식 28일로 끝을 내고 말았고, 안산시에서 오신 목사 한 분도 금식 37일로 끝내고 말았으니 금식 40일은 완전히 생사를 걸고 인생의 갈림길에 뛰어든 것입니다.

여기까지 인도해 주신 주님. 남은 19일도 꼭 인도하셔서 승리하게 하옵소서! 금식 40일이 끝나고 보호식은 더 어렵다는데 어떻게 잘 마칠 것인가? 하나님께 기도 드릴뿐입니다.

■ 3월 30일 40일 금식기도 22일째 월요일 맑음

〈레 미제라블〉을 쓴 프랑스의 문호 빅토르 위고는 "오늘의 문제는 싸우는 것이요, 내일의 문제는 이기는 것이요, 모든 날의 문제는 죽는 것이다." 라고 말했습니다.

세상에는 세 가지 싸움이 있는데 첫째가 자연과의 싸움이요, 둘째가 인간과 인간의 싸움이요, 셋째가 인간 내부의 자기 자신과의 싸움입니다. 이 세 가지 싸움에서 인간 내부의 싸움이 가장 어렵습니다. 죄와 거짓된 자기와, 착하고 진실 된 자기와의 도덕적 싸움에서 우리는 반드시 이겨야 합니다. 패배하면 타락으로 빠지게 됩니다. 이 싸움에서 승리해야 인생의 싸움에서 승리할 수 있습니다.

오늘은 3월 30일 금식 22일째인데 물만 먹으며 여기까지 올 수 있었던 것은 하나님의 도와주심으로 가능했습니다. 하나님의 크신 사랑인 줄 믿으면서 하나님께 감사드릴 뿐입니다.

오늘은 신구약 성경을 정독으로 두 번째 보면서 복이란 말을 찾아서 기록하는데, 복이라는 말씀이 297번 나오는 모습을 보았습니다. 하나님의 뜻대로 살고 하나님의 말씀대로 사는 사람에게 반드시 하나님께서 복 주시는 모습을 보았습니다. 하나님 저도 하나님의 뜻대로 살아서 하나님께서 주시는 축복을 모두 받아 누리고 싶습니다.

오늘 우리 집사람과 배재이 청년이 심방 와서 같이 기도드리고 기도원 본당에 가서도 기도 드렸습니다. 아내는 5일 금식기도를 드리기로 작정하고 기도에 들어갔습니다.

한국교회가 헌금한 것이 1년에 10조 원이 된다고 통계가 나왔습니다. 그런데 사회를 위한 구제봉사에 너무 적게 사용하고 있습니다. 우리 신성교회도 이웃을 위해서 반드시 귀한 예물을 사용하리라! 하나님! 좋은 일 많이 하도록 우리 신성교회에 많은 축복을 내려 주소서. 그래서 하나님께 꼭 인정받는 우리 교회가 되고 이 부족한 종도 꼭 하나님께 인정받는 능력이 충만한 하나님의 사람이 되게 하소서!

살아 계신 예수님의 그 십자가 보혈에 완전히 젖어서 예수 그리스도의 큰사랑을 반드시 나타내리라!

앞으로 금식 18일 하나님의 뜻 가운데서 반드시 승리하리라! 아멘.

■ 3월 31일 40일 금식기도 23일째 화요일 맑음

독일 민족의 위대한 정신 산맥 세 사람이 있는데 문학의 괴테, 음악의 베토벤, 철학의 칸트입니다. 칸트는 진과 지식의 문제를 다룬 〈순수이성비판〉과 선과 도덕의 문제를 다룬 〈실천이성비판〉과 미와 예술의 문제를 다룬 〈판단력비판〉을 써서 철학의 기초를 확립했습니다. 칸트는 묘비에는 "나는 내 가슴속에 있는 도덕률과 내 머리 위의 별이 반짝이는 하늘입니다." 라는 문구가 적혀있습니다. 그는 한 세대를 풍미하며 독일 국민에게 희망을 불어넣었고 세계 젊은이들에게 위대한 철학의 역사적 한 페이지를 남기고 세상을 떠났습니다.

이 부족한 종은 46년을 이 세상에 살면서 무엇을 남겼는가? 물론 시골 경기도 용인시 처인구 양지면 평창리 평일교회 200평을 건축한 일과 서울시 구로구 구로 5동 신성교회 750평을 건축해서 하나님께 바친 일은 하나님의 은혜와 이 종에게 주신 큰 축복인 줄로 확실히 믿습니다. 내 생의 전반부는 성전건축으로 매진되었다고 한다면 내 인생의 후반부는 나를 사랑하고 나의 일생을 여기까지 인도하신 예수님, 나를 구원해 주신 예수님, 언제 주님이 부르셔도 천국으로 인도해 주실 예수님, 살아 계신 예수님을 미친 듯이 전파하리라 우리 신성교회 부근에 사는 모든 사람에게 담대히 복음을 전파하리라 다짐합니다.

오늘은 우리 신성교회 장로님 네 분이 모두 오셨습니다. 박귀만, 이기우, 권달삼, 원강수 장로님, 박용묵 집사님 이렇게 오셔서 큰 위로를 받습니다. 특별히 김팔만 집사님이 대형버스를 내서 주일마다 수고해 주시고 성도들을 교회까지 잘 안내해 주는 일을 자원해서 하시겠다는 작정은 이 종이 기도하는데 큰 힘이 됩니다. 사실 전세버스가 한 달에 50만 원씩 나갔는데 김팔만 집사님이 무료로 그 일을 해주시겠다는 소식은 무척이나 나에게 큰 힘이 되었습니다.

지난 23일을 지켜주신 하나님 감사드립니다. 앞으로 남은 17일을 하나님 꼭 지켜주실 줄로 확신합니다. 구토증세도 있고 고비도 있지만 하나님께서 함께 하셔서 반드시 승리하리라!

* 지옥(Hell)을 구경하면서!

지난밤 내 꿈에 이상한 환상을 보여 주셨는데, 그 부모는 동네에서 제일 잘 살고 유력하며 해외 나들이도 다니는 사람이었습니다. 그 가정에 10세 된 어린이는 교회를 잘 다니는 착한 어린이였습니다.

그런데 어느 날 밤 천사들이 와서 그의 영혼을 하나님께서 데려가고, 그 육체를 장례 치르면서 되어지는 사실을 환상으로 보여준 것입니다. 이미 그 영혼은 하나님께서 천사를 시켜서 데리고 가셨는데 그 부모가 예수를 믿지 않기 때문에 상여를 만들어서 메고 나갔습니다.

그런데 가다가 살모사들이 그들 앞을 가로막았습니다. 그들이 피하려고 애를 쓰는데, 뒤를 따라간 내가 그 상여 앞으로 가면 그 살모사가 모두 도망가는데 얼마나 무섭고 얼마나 큰 독사들인지 모릅니다. 불신의 영혼들이 저 속에 떨어진다는 하나님의 음성이 들렸습니다. 애를 태우면서 살모사가 살던 그 장소를 지나서 한참 가는데 이번에는 큰 살모사들이 머리를 내밀면서 상여 멘 사람들을 쫓아다녔습니다.

어떤 사람들은 울고, 어떤 사람들은 땀을 흘리면서 도망 다니는데, 어떤 사람이 한 목사님! 하고 나를 급히 불러 그 쪽으로 가보니 그 큰 살모사들이 머리를 숙이고 모두 엎드렸습니다. 내가 큰 소리로 사탄(Satan)아 나사렛 예수 이름으로 명하노니 묶음을 풀고 떠나가라 하고 외치는 소리가 떨어지자 그 살모사들이 슬금슬금 떠나갔습니다. 그때 바로 "여기가 불신의 영혼이 가는 곳이니라." 하는 하나님의 음성이 들려왔습니다.

또 한참을 가는데 큰 구렁텅이가 나타났습니다. 그 안을 들여다

보니 캄캄한 곳인데 한도 없고 끝도 없는 곳이었습니다. 그래서 상여를 멘 사람들이 아무리 땀을 흘리고 사다리를 놓고 건너가려고 해도 너무나 큰 구렁텅이로 되어 있어서 건널 수가 없었습니다. 저들이 애를 쓰고 땀을 흘리고 아무리 노력을 해도 할 수 없으니 이제는 갈 수 없다고 포기하고 주저앉았습니다. 그런데 그 중 한 사람이 또 한 목사님! 하고 불렀습니다. 그래서 거기에 앉아 하나님께 간절히 기도하니 하늘에서 사다리가 내려와서 양쪽에 걸쳐지는 역사가 일어나 무사히 건너갔습니다. 또 하나님의 음성이 들렸습니다. 불신자들은 저 캄캄한 곳으로 들어가서 영원히 살리라!

지옥은 10층으로 끝없이 이어지는데 모두 구경을 했습니다. 지옥은 가지 말라! 주여 감사합니다. 상여 멘 사람들은 계속 가는데 나는 거기서 환상을 깨고 보니 온 몸이 땀으로 젖어 있었습니다.

지옥(Hell)은 어떤 곳입니까?

예수 그리스도께서는 최후의 심판을 말씀하시면서 악인은 형벌을 받고 의인은 영생으로 갈 것이라고 하셨습니다. 성경은 영원한 고통의 처소를 지옥(Hell)이라고 하며, 지옥불(마 18:9), 풀무불(마 13:42), 무저갱(눅 8:31), 어두운 구덩이(벧후 2:4)로 표현하고 있으며 거기에서 악인이 받는 고통의 기간은 밤낮으로 영원히 고통을 받는다고 하셨습니다.(계 14:10~18)

1. 지옥이란 장소는 어떤 곳입니까?

(1) 지옥은 저주받은 자들과 마귀들을 넣기 위해 예비 된 불못입니다.(마 25:41)

(2) 지옥은 영원히 벌을 받는 장소입니다. 저희는 영벌에(마 25:46)

우리 중에 누가 영영히 타는 것과 함께 거하리요(사 33:14) 세세토록 밤낮 괴로움을 받으리라(계 20:10) 지옥은 영원히 계속되는 형벌의 장소입니다.

(3) 지옥은 고통이 계속되는 장소입니다.(마 10:28) 지옥은 슬픔, 탄식, 이를 갈며 물 한 방울도 없이 고민하는 곳입니다(눅 16:24). 세세토록 고통 받고 죽을 수도 없는 곳입니다(계 9:6).

(4) 지옥은 불과 유황으로 타는 장소입니다(계 21:8). 불과 유황으로 고난을 받으리니(계 14:10) 둘째 사망 곧 불못이라(계 20:14)

2. 지옥은 어떤 사람들이 들어갑니까?

형제를 미련한 놈이라 한 자(마 5:22), 마귀와 그의 사자들(마 25:41), 말씀을 거부한 자(마 10:4), 범죄한 천사(벧후 2:4), 흉악한 자와 살인자 우상 숭배자와 거짓말하는 자(계 21:8)가 예수 믿지 않고 회개하지 않을 때 지옥에 들어가게 됩니다.

(1) 사탄과 거짓 선지자들이 지옥에 갑니다.(계 19:20. 계 20:10)
(2) 타락한 천사들이 지옥에 갑니다.(벧후 2:4. 유 1:6)
(3) 악인들이 지옥에 갑니다.(시 9:17. 계 21:8)
(4) 생명책에 기록되지 못한 자들이 지옥에 갑니다.(계 20:15)
(5) 하나님의 뜻대로 행하지 아니한 자가 지옥에 갑니다.(마 7:21)
(6) 타락한 전도자가 지옥에 갑니다.(마 7:22~23)

3. 천국과 지옥의 다른 점은 무엇입니까?

(1) 천국에 없는 것은 무엇입니까?
눈물, 사망, 애통, 곡하는 것, 아픈 것이 없습니다(계 21:4). 이별,

깡패, 도둑, 전쟁, 홍수, 천재지변, 밤도 없고 죄가 없고 악마가 없습니다.

⑵ 천국에 있는 것은 무엇입니까?

수정같이 맑은 생명수가 있고 강 좌우에 생명나무가 있어 열두 가지 실과를 맺힙니다(계 22:1~2). 천국은 하나님 아버지께서 통치하시는 곳이요 하나님의 사랑이 넘치는 곳입니다. 천국에는 황금 보석으로 꾸민 집이 준비되어 있으며, 유리 바다와 같은 맑은 길과 황금 보석으로 꾸민 길이 있습니다. 우리가 영원히 삶을 누릴 천국은 열두 보석이 그 터가 된 기화요초가 만발한 곳이요, 하나님께서 우리를 위해 무궁무진한 축복으로 준비한 곳입니다.

⑶ 지옥에 없는 것은 무엇입니까?

지옥 불은 붙는데 빛이 없는 불입니다. 사랑이 없으며 동정이 없고 서로 미워합니다. 물이 없으며, 죽는 일도 없고, 영원히 고통이 계속되며, 악마가 꽉 차 있는 곳이 지옥입니다(계 22:15).

⑷ 지옥에 있는 것은 무엇입니까?(계 21:8)

지옥의 식사시간에는 긴 젓가락으로 자기만 먹으려고 하다가 하나도 못 먹고 피골이 상접해 뼈와 가죽만 남아서 한심스럽게 살아가며, 천국의 식사시간에는 긴 젓가락으로 서로 먹여 주어 배불리 먹으니 건강한 모습으로 삽니다. 우리는 여관집 같은 지구상에서 잠시 살다가 하나님께서 오라고 부르시면 떠나야 할 인생입니다. 그런데 예수 믿어 하나님 자녀로 등록되고 천국 시민증을 받았으니 모두가 천국 가서 생명의 면류관을 받아쓰는 여러분이 되시기를 바랍니다.

* 천국(Kingdom)을 구경하면서!

금식기도 중에 이상스러운 일이 계속 일어나고 있었습니다. 자리에 눕기만 하면 사람이 상상할 수 없는 환상을 보여주니까 견딜 수 없을 만한 하나님의 은혜요 너무나 기쁘기도 하고 어떤 때는 두려운 일 이기도합니다. 두 천사가 나를 이끌고 천상세계로 향하고 있었습니다. 저는 참 아름다워라 주님의 세계는 계속 찬송을 부르는데 땅에서 얼마나 올라갔는지 상상할 수 없을 만큼 올라갔는데 금빛 찬란한 천국 문 앞에 천사들이 서고 저도 따라서 같이 섰습니다. 천사가 신호를 보내니까 천국문을 지키는 두 천사가 나오면서 책을 들고 왔는데 생명록과 행위록이었습니다. 생명책의 이름을 확인한 후에 한상휘라는 이름이 선명하게 보이고 잘 하였도다 착하고 충성 된 종이로다 어서 들어오세요. 감사의 인사를 나누고 천국 문안에 들어서는데 저는 너무나 놀랐습니다. 세상에서 보지 못하던 황금보석으로 만든 천국 문이었고 황금보석이 깔린 천국의 거리였습니다. 가는 곳마다 아름다운 찬송소리가 들리고, 가는 곳마다 꽃향기가 가득차고 넘쳤습니다. 한동안 넋을 잃고 구경하고 있는데 조금 더 가자고 천사들이 말하여 같이 따라가는데 천국에는 시간과 공간의 제한을 받지 않기 때문에 마음속에 생각만 해도 어디든지 갈 수가 있었습니다.

그런데 천사들의 합창을 들으면서 얼마를 갔을 때, 성경에서 나오는 생명나무가 보이고 그 가운데에 수정같이 맑은 생명 강이 흐르는데 너무나 맑아서 거울과 같았고, 생명과일은 세상에서 보지 못한 너무나 아름답고 보기 좋은 과일인데 이렇게 아름다운 과일이 천국에 있는 것을 하나님께 감사드렸습니다. 거기서 얼마를 지나가니까 한 무리의 천사들이 지나가는데 오색찬란하고 영롱한 옷과 모습이 설명할 수 없는 아름다운 천사들이었습니다. 세상에서 보던 진선미의 아름다운 여인들보다 더 아름답게 보였습니다. 그 천사들은 찬양하는 천사들인데 세상에서 듣지 못한 아름다운 찬양이요, 합창을 하는데 너무 아름답고 좋아서 계속 웃음이 나오고 내가 천국에 오기를 너무나 잘했다고 생각했습니다.

얼마나 지나갔을까 안내하는 천사들이 저 건너편을 보라고 해서 바라보니까 저 멀리 보이는 사람들은 앞서서 와서 있는 성도들이었습니다. 그 옷이 금빛 찬란한 옷이요, 그 얼굴이 너무나 아름다운 얼굴들이었습니다. 가까이가면 더 아름답다는 말을 들었으나 성도들이 있는 곳까지는 가지 못했습니다. 그들은 계속해서 춤도 추고 찬양도하고 세상에 하고 싶었던 모든 일들을 다 이루었고, 날마다 먹지 않아도 배고프지 않고, 다시는 질병이 없고, 사망이 없고, 다툼도 없고, 미운 사람도 없고, 영원한 사랑과 찬양만 있는 천국이었습니다.

천국 집들도 저 건너편에 있는데 멀리서 바라만 보아도 너무나 아름답고 황금보석으로 지어졌는데 그곳은 먼저 와있는 성도들이 마음껏 자유를 누리면서 사는 곳이라고 소개했습니다. 두 천사들은 더 이상 가는 길을 막고 여기서 되돌아가라고 했습니다. 세상에 돌아가지 않겠노라고 했으나 하나님의 명령을 어길 수 없다고 되돌려 보냈는데, 천국을 구경하고 돌아오면서 너무나 기쁘고, 즐겁고, 감사하면서 평생 목회 잘하고 천국에 다시 돌아오리라 천사들과 약속하고 내 있던 곳에 돌아와 보니 지난밤의 환상이었습니다.

우리가 살고 있는 이 세상은 잠시 다녀갈 여관집이기에 우리가 살아야 할 영원한 거주지가 아닙니다. 모든 사람들은 이 세상에 다녀가는 나그네요 외국인으로서(히 11:13) 이 세상에 항상 머물러 있을 사람은 아무도 없습니다. 그러므로 사람들의 영원한 참 주소는 이 세상에 있지 않고 내세에 있으며 인생의 영원한 주소는 천국과 지옥으로 나누어져 있습니다.

천국은 성도의 영원한 주소요, 지옥은 불신자와 악마에게 속한 자들이 가야 할 영원한 주소입니다. 요 3:5절, 물과 성령으로 거듭난 사람만 들어가는 곳이 천국입니다. 하나님의 나라는 너희 안에 있느니라(눅 17:21). 천국과 지옥에 대해 명시하고 있습니다(눅 16:19~31. 요 14:2). 선한 일을 행한 자는 생명의 부활로 악한 일을 행한 자는 심판의 부활로 나오리라(요 5:29).

천국(Kingdom)은 어떤 곳입니까?

한 번 죽는 것은 사람에게 정하신 것이요 그 후에는 심판이 있으리니(히 9:27). 예수 믿는 자는 천국으로, 불신자는 지옥으로 간다고 하는 사실입니다.

1. 내세의 확실성에 대한 증명이 무엇입니까?

(1) 여러 나라의 풍습이 내세를 증명해 주고 있습니다.

이집트의 피라미드는 무덤으로서 그 속에는 미라로 만든 시체가 안치되어 있는데 이것은 몸의 부활까지 믿는 증거입니다. 우리나라의 사자제도 내세를 증명합니다. 사람이 죽으면 옥황상제나 염라대왕이 사자를 보내어 영혼을 데리고 간다는 것입니다. 불지고개, 활지고개, 칼지고개를 넘어가야 하는데 밥을 든든히 먹고 신들메를 단단히 하고 이 영혼을 좋은 곳으로 인도해 주십사고 사자제를 드리는 풍습이 내세를 증명해 줍니다.

(2) 성현들의 말이 내세를 증명해 주고 있습니다.

① 소크라테스는 약사발을 들고 너희들은 흙으로 된 내 몸에는 손

을 대지만 그러나 내 인격에는 손을 못 댄다. ② 공자의 차세에 일일단 내세에 일일장이라 지금 사는 세상에서 하루가 짧으면 오는 세상의 하루는 길다. ③ 석가도 말하기를 해탈한 사람은 동방의 만월세계(밝고 환한 세계), 서방 극락세계, 남방 환희세계, 북방 무세계(근심 없는 세계)에 들어간다고 했고, 범죄한 사람이 가는 곳이 있는데 그곳은 축생도(짐승이 되고), 아지도(주리고 배고픈 곳에 가고), 염라대왕이 있는 지옥으로서 영겁을 산다고 내세를 밝혔습니다.

(3) 사람의 양심이 내세를 증명해 주고 있습니다.

돌아가셨다는 말과 죽었다는 말이 내세를 말한 양심의 고백입니다.

(4) 성경 말씀이 내세를 증명해 주고 있습니다.

누가복음 16장, 거지 나사로는 천국에 가고 부자는 지옥에 갔다고 하는데 이를 비롯하여 성경 66권 전부가 내세를 말씀해 주고 있습니다.

(5) 성도의 죽음이 내세를 말해 주고 있습니다.

예수 그리스도를 구주로 잘 믿다가 세상을 떠나신 분을 보면 분명한 내세가 있음을 알 수 있습니다.

2. 천국(Kingdom)이란 무엇입니까?

(1) 성도의 마음: 하나님의 나라는 너희 안에 있느니라(눅 17:21)

(2) 성도의 가정: 고넬료의 가정은 경건하여 온 집으로 더불어 하나님을 경외하며 백성을 많이 구제하고 하나님께 항상 기도하는 가정이었습니다.(행 10:2)

(3) 교회가 천국: 천국은 마치 여자가 가루 서 말 속에 갖다 넣어 전부 부풀게 한 누룩과 같으니라(마 13:33)

(4) 신천신지: 예수님의 재림으로 성도들이 하나님과 그리스도의

제사장이 되어 천년동안 그리스도로 더불어 왕 노릇 하는 때를 천국이라고 합니다.(계 20:6)
　(5) 하늘: 성경에는 천국을 하늘이란 말로 표현하기도 했습니다.(행 1:11)
　(6) 특정 장소: 내가 너희를 위하여 처소를 예비하러 가노니(요 14:2)
　(7) 주 하나님의 집(마 6:9)
　(8) 준비된 사람을 위해 마련된 처소(고후 5:1)
　(9) 안식처(히 4:9)
　(10) 낙원(고후 12:4)

3. 천국에는 누가 있습니까?

　(1) 천국에는 하나님이 계십니다.(마 6:9. 행 3:21), 예수 그리스도가 하늘에 계십니다.(히 9:24)
　(2) 천국에는 천사들이 있습니다.(마 22:30. 마 18:10)
　(3) 천국은 예수 믿는 성도들이 들어갑니다.(요 14:6. 행 4:12)
　(4) 예수 안 믿는 사람들은 천국에 들어갈 자격이 없습니다.(엡 5:5)

4. 성경에서 말하는 천국의 크기는 어떠합니까?

　천국의 크기는 요한계시록 21:16절, 그 성을 척량하니 일만 이천 스다디온이요, 장과 광과 고가 같더라. 12,000 스다디온은 한 면의 길이가 2,400km입니다. 한 층 높이를 3m로 보면 천국은 80만 층이 됩니다. 한 층에 10억 명씩 들어갈 수 있는데 계산을 하면 800조 명이 천국에 들어갈 수 있다고 합니다. 지구가 생긴 이후로 세상을 떠난 사람이 530억 명인데 모두 천국에 들어갔다 해도 60층 정도밖에 채우지 못했다는 결론이 나옵니다.

5. 천국은 어떠한 특징을 가지고 있습니까?

천국은 하나님께서 계시는 높고 거룩한 곳이요(사 57:15), 깨끗하고 죄가 없는 곳이며, 죽음과 눈물, 슬픔과 고통이 없는 곳이며(계 21:4), 죄가 없는 세계이므로 저주와 질병과 아픔이 없는 즐거운 곳입니다(계 22:3). 예수를 믿고 구원받은 그리스도인은 모두가 다 천국에서 영생을 누리게 됩니다.(살전 4:14)

천국에는 생명수가 흐르는 깨끗한 강이 있고 강 좌우에 생명나무가 있어 열두 가지 실과를 맺히되 달마다 그 실과를 맺히고(계 22:2) 있습니다. 다시 밤이 없겠고 등불과 햇빛이 쓸데없는 곳입니다(계 22:3~5). 저주가 없고 완전무죄상태에서 오직 하나님의 영광만이 있는 곳입니다.

6. 천국에 들어갈 자격자는 누구입니까?

(1) 하나님의 뜻대로 살았던 사람들이 천국에 들어갑니다.(마 7:21)

(2) 물과 성령으로 거듭난 사람이 천국에 들어간다.(요 3:5)라고 말씀하셨습니다.

(3) 예수님의 약속을 믿고 의롭게 사는 사람들이 천국에 들어갑니다.

(4) 예수 믿고, 우상에 절하지 않고, 순교한 사람이 천국에 들어갑니다.(계 20:4)

(5) 어린양의 생명책에 기록된 자들이 천국에 들어갑니다.(계 21:27)

(6) 예수 믿고 주 안에서 죽은 사람들이 천국에 들어갑니다.(계 14:13)

　　믿음과 행함이 일치해야 천국에 들어갈 수 있습니다. 하나님은 사랑이시기 때문에 사랑이 있는 곳에 천국이 있음을 믿고, 사랑의 씨앗을 계속 심어서 천국을 성장시키고 확장시켜 나가야 하며 예수님 재림 때에 천국은 완성될 것입니다.

■ 4월 1일 40일 금식기도 24일째 수요일 맑음

　　독일의 위대한 예술가이며 음악가인 베토벤(L. Beethoven 1770~1827)은 "고난을 당할 때 동요하지 않는 것이야말로 참으로 칭찬해야 할 훌륭한 인물의 증거"라고 주장했습니다. 베토벤은 1797~1798년경부터 청각장애로 수 없는 고난을 받으면서 "나는 운명에 도전하고 싶다. 나는 운명에 반항하고 싶다."고 주장하면서 "인간은 무한한 정신을 가진 유한한 존재이므로 인간은 고뇌와 환희의 양자를 갖도록 태어났는데 그 중의 몇 사람은 고뇌를 통해서 환희에 도달할 수 있다."라고 주장했습니다.

　　나는 40일 금식이라는 고난 앞에서 하나님께서 힘주시는 대로 늠름한 모습으로 운명에 도전해 봅니다. 지난 24일 동안 금식하면서 하나님의 실존을 체험했습니다. 가지가지 사건들이 그 사이에도 계속해서 이 기도원에서 일어났습니다. 금식 40일째 되던 날 세상을 떠난 배봉호 집사, 37일째 되던 날 금식을 끝낸 사람, 28일째 되던 날 금식을 중단하고 하산한 목사, 금식 40일을 마치고 정신 이상이 되었던 집사 등 수 없는 사건들이 일어나고 있었습니다.

　　오늘은 신현대 목사가 다녀갔습니다. 신 목사는 20일 금식기도를 두 번이나 마친 목사입니다. 참으로 진실하고, 성실하고, 열심히 목회하여 면목동 면일교회를 크게 부흥시키고 좋은 땅도 38평 샀다고 합니다. 기도해 줄 때마다 새 힘을 느끼고 있습니다.

어제 늦게 전남 순천에 계신 김정수 장로님 내외분과 채규만 목사가 다녀갔습니다. 외삼촌 내외분이 기도해 주고 봉투에 3만원을 넣어서 주시고 가셨는데 큰 힘이 되었습니다.

금식 24일이 되고 보니 글씨 쓰기도 힘이 들고 성경책 보기는 더욱 힘들었습니다. 체력의 한계가 있으니 하나님께 간절히 기도드릴 뿐입니다. 오늘은 숙변을 보기 위해 관장을 소금물로 했는데 관장을 하고 보니 한결 장이 가볍고 물맛이 좋았습니다.

금식 40일이 내 힘이 아니요, 하나님께서 힘 주셔야 은혜 중에 무사히 마치고 승리할 줄로 믿기 때문에 하루하루를 그저 하나님께 맡길 뿐이요, 금식 시작하기 전에 두 번이나 환상을 보여주신 하나님께 감사를 드리며 반드시 승리하리라 확신합니다. 주여 도와주소서! 아멘.

■ 4월 2일 40일 금식기도 25일째 목요일 맑음

"바치리라 그저 완전히 바치리라 주님께 완전히 바치기만 하면 내 모든 문제는 주님께서 맡아 주관하시고 내 몸 전체도 주님께서 뜻대로 잘 맡아 사용하시리라."

이용도 목사는 확신을 가지고 주님의 사랑, 주님의 기개, 하늘에 붙은 생명을 가진 사람이 되었습니다.

오 주여! 이 부족한 종 한상휘 목사를 붙들어 주셔서 주님 마음에 꼭 맞는 종 되게 하옵소서! 주님께 인정받는 하나님의 종 되게 하옵소서!

오늘은 40일 금식 25일째 되는 날. 생사의 갈림길에 서 있음을 날마다 체험하게 됩니다. 하나님께서 이번 40일 금식을 무사히 마치게 해주시면 죽어야 할 이 생명 살려 주신 줄 믿고 완전히 하나님의 사람으로 거듭나서 살아가리라 약속합니다. 하루하루 내 생명을 지켜주신 것이 하나님의 은혜요, 지켜주신 것이 하나님이 사랑이요, 건강하게 하신 것이 하나님이 축복인줄로 나는 확신하고 있습니다.

주여 금식이 끝날 때까지 꼭 힘을 주셔서 반드시 승리하는 날로 인도해 주옵소서! 40일 금식이 끝난 후에도 보호식 40일 동안도 잘 보호해 주시기를 하나님께 기도드리며, 외부의 시험과 내부의 시험을 하나님이 막아주시고 겸손한 주의 종으로만 크게 사용하여 주옵소서.

곽선희 목사는 실력도 좋고 능력도 좋지만 가장 귀한 것은 목회자의 인간성이라고 정의하면서 교회가 부흥하고 성장하려면 목회자가 인간성이 좋아서 항상 겸손하고 하나님께 감사해야 하고, 교인들에게 꼭 필요한 설교를 하며, 교인들이 꼭 알아들을 수 있는 설교를 해야 한다고 주장하고 있습니다.

하나님! 이번 40일 금식기간 동안 하나님이 주시는 은혜를 풍성하게 체험하고 성령의 권능을 받아 설교단에만 서면 나도 모르게 귀한 생수의 말씀이 폭포수처럼 쏟아져서 우리 신성교회가 앞으로 대교회로 바뀌어지는 역사가 일어날 줄로 확신합니다.

주여! 눈물의 종이 되게 하소서!

■ 4월3일 40일 금식기도 26일째 금요일 맑음

오늘은 40일 금식 26일째 되는 날인데 구토증세가 생기고, 왼쪽 가슴이 아프고, 신체 구조에 온통 지각 변동이 일어나면서 입에서는 고약한 냄새가 나고, 위액이 계속 나오면서 침을 뱉어내야 하는 괴로움이 계속됩니다. 그러나 하나님께 감사드리는 것은 부족한 종에게 은혜를 주셔서 벌써 금식 26일이 지나가고 있으며 앞으로 14일 남았는데 하나님께 엎드려 간절히 기도드릴 뿐입니다. 내 힘으로는 하루도 제대로 지낼 수 없습니다. 그저 하나님을 의지할 수밖에 없습니다.

오랜만에 휘청거리는 발로 뒷동산에 올라가 보니 아지랑이가 아롱거리고 진달래가 만발해 있었습니다. 물론 남쪽 진해에서는 벚꽃놀이 군항제가 열리고 전국에 봄 내음이 물씬거립니다.

하나님께서 이 부족한 종에게 40일 금식 기도하는 귀한 선물을 주셔서 오늘까지 무사히 보내게 된 것을 그저 감사드릴 뿐입니다. 그사이 같이 금식하며 생사고락을 같이하던 목사님들이 모두 끝마치고 하산하고 부족한 이 종이 금식의 고참이 되었는데, 나도 불원간 하산할 날을 고대하면서 하나님께 엎드려 간절히 기도드립니다.

오늘은 감리교 부흥사 이용도 목사(1931~?)의 전기를 보면서 사랑의 사도요, 그가 가는 곳마다 수천의 군중이 모여서 은혜를 받으며, 모일 때마다 눈물로 기도하는 모습을 보면서 눈물의 사도 이용도 목사처럼 이 부족한 종도 사랑의 사도, 눈물의 사도가 되도록 하나님께 이번 기간에 간절히 기도드리고 있습니다.

전신에 힘이 점점 진하여 글쓰기가 어려워지고 있습니다. 책을 보아도 글씨가 왔다 갔다 합니다. 그러나 최선을 다해 하루하루 내가 가야 할 길을 가고, 내가 해야 할 일을 합니다.

나의 힘이 되신 여호와여! 나를 도와 주소서!

■ 4월 4일 40일 금식기도 27일째 토요일 맑음

희랍의 유명한 서정시인 핀다로스(Pindaros B.C. 522~443)는 "본래의 너 자신이 되라."고 말했습니다. 옛날 희랍인은 델포이의 아폴로 신전의 하얀 대리석 벽에 너 자신을 알라(Gnothi Seauton)라는 인생의 금언을 조각하고 그것을 생활의 신조로 삼았답니다.

꾸미는 나, 거짓된 나, 불성실한 나, 이기적인 나, 이기심, 교만, 물욕, 향락, 기계문명, 대중사회의 메커니즘, 자본주의, 상업주의 이 모두가 본래의 나를 상실하게 하고 있습니다. 40일 금식기도는 본래의 나를 회복하려는 위대한 결단이요 위대한 힘입니다.

오늘은 금식 40일을 시작한 지 27일째 되는 날인데 나의 인간적 한계는 지난 25일째 되던 날 끝이 난 것 같습니다. 오늘은 정말 하나님께서 붙들어 주심으로 보내고 있습니다. 펜을 잡을 기력도 없고, 글을 쓸 힘도 없고, 글씨도 왔다 갔다 합니다.

오늘은 우리 신성교회에서 이성희 집사, 양영숙 집사, 박용묵 집사가 왔습니다. 간절히 기도하고 이상조 권사와 아내를 그 차로 보냈는데 아내도 금식 5일을 하고는 완전히 정신을 잃을 정도로 탈진되었습니다. 교회에서 끓여온 죽을 먹고 정신을 차리고 집으로 향했습니다. 이어서 큰 동생 한상선 안수집사와 손용문 집사가 와서 대화하고 돌아갔습니다.

앞으로 13일 어떻게 보낼 것인가 아무리 생각해도 내 힘으로는 어쩔 수 없고 하나님께서 특별한 힘을 주셔야 승리할 줄로 확신합니다. 그 동안 부족한 종이 여기서 40일 금식기도를 정하고 기도하던 중 교회 빚이 3천만 원 갚아지고, 아동부가 100명으로 부흥되고, 100여 명이 계속 아침 금식하며 기도드리고 있다는 소식은 나에게 새 힘이 되었습니다.

오 주여! 앞으로 13일 남은 날들을 믿음으로 꼭 승리하게 하옵소서!

■ 4월 5일 금식기도 28일째 주일 맑음

40일 금식을 작정하고 은혜의 동산 기도원에 들어와 네 번째 주일을 맞았습니다. 사랑하는 양떼들을 눈앞에 두고도 생명의 만나를 먹이지 못하고 설교하지 못하는 목자의 심정은 말로 다할 수 없이 허전합니다. 오늘 우리 성도들은 어떻게 예배를 드렸을까? 저들이 믿음으로 잘 성장하고 있을까? 하나님, 사랑하는 우리 신성의 성도들에게 은혜를 베풀어주소서! 하나님 앞에서 인정받는 성도들로 꼭 잘 성장시키겠습니다. 앞으로 성서 강해 설교를 해야겠는데 종의 힘으로는 감당하기가 어렵습니다. 하나님 부족한 종의 오른손을 꼭 붙잡아 주셔서 하나님 말씀을 잘 전하게 하옵소서!

오늘 주일 대예배 때 교회 강단에 나가서 예배를 드리기 시작하는데 눈물이 비 오듯 쏟아졌습니다. 한편 감격의 눈물이요, 본 신성교회가 생각나서 쏟아진 눈물이었으리라!

앞으로 금식기도가 12일이 남았는데 1년이나 남은 것처럼 멀고 힘듭니다.

어제 저녁에는 우리 교회 집사님들이 환상 중에 나타나 찹쌀떡을 팥고물에 묻혀서 많이 대접해 주셨습니다. 그리고 난 후 가슴이 쓰리고 아파서 잠을 잘 이루지 못하다가 새벽에 잠시 잠이 들었는데 환상 중에 천사들이 내려와 김을 자꾸 먹이면서 "이것이 약이 되느니라."하고 말했습니다. 그 김을 먹고 일어나니 기분이 상쾌해졌습니다.

장기금식을 하다보면 신체부분에 약한 곳이 반드시 나타나는데 왼쪽 가슴이 아파서 상당히 고심하고 있습니다. 피곤할 때마다 왼쪽 가슴이 쓰리고 아팠는데 금식을 하다 보니 지금도 쓰리고 아픕니다. 금식 마칠 때까지 하나님께서 고쳐 주실 것을 믿고 기도드립니다.

하나님께서 이번 금식 기간에 성대를 고쳐 주셔서 동서남북 방방곡곡 주의 복음을 전하리라.

글씨 쓰기가 힘듭니다. 하나님! 금식을 마칠 때까지 새 힘을 주셔서 꼭 승리하도록 도와주실 줄로 확실히 믿습니다.

■ 4월 6일 40일 금식기도 29일째 월요일 맑음

사랑하는 김윤생 친구야!

어느덧 내가 은혜의 동산 기도원 금식실에서 40일 금식기도를 시작한 지 29일이 지나고 있네. 우리가 만난 때가 정확히 말하면 1968년, 지금부터 24년 전이네. 강원도 철원군 동송면 화지리 군인교회에서 자네는 2연대 군종 요원이요, 나는 7연대 군종 요원으로 자네는 황해도 출신이요, 나는 함경도 출신으로 서로가 가까워졌지. 우리가 자전거를 타고 철책선을 돌면서 전도지를 나누고 함께 찬송하면서 다닐 때 정말 아름답고 숭고한 친구의 사랑이 싹터 올랐지!

그 후 제대하고 똑같이 대한신학에 들어가서 잠시나마 같은 기숙사 같은 방에서 서로 의견을 나누며 신학을 연구하게 된 일도 하나님의 은총이요 하나님의 섭리인 줄로 믿고 있네.

그 후에 나는 장로회신학대학교로 전학해서 통합측 장로회 목사가 되었고, 자네는 대신측 목사가 되어 목회하다가, 하나님의 사랑과 섭리 속에서 다시 서울에서 만나게 되었지. 자네는 대림동에서 산성교회 당회장이 되고, 나는 구로동에서 신성교회 당회장이 되었으니 우연인지 필연인지 자네도 새 성전을 건축하여 목회를 하게 되었고, 나도 새 성전을 건축하여 하나님께 감사하면서 목회를 하고 있네. 지금까지 지내온 것이 모두 하나님의 은혜요, 하나님의 사랑이요, 하나님의 축복인 줄로 확신하면서 잘 지내고 있네.

오늘 자네가 나의 금식 실에 찾아와서 위로의 말과 금일봉을 전달해 주었기에 천군만마를 얻은 것처럼 새 힘이 용솟음치고 있네! 서로가 한 몸이 되어 목회생활에 전력질주해서 교회가 부흥되며, 앞으로 주님 앞에 설 때에 기쁜 얼굴로 하나님 앞에서 잘했다고 칭찬 듣는 하나님께 인정받는 하나님의 종이 되어 보세!

살아 계신 주여! 앞으로 금식일이 10일 남았는데 꼭 승리하게 하옵소서. 정말 인간의 한계는 끝이 났고, 남은 시간은 전적으로 하나님의 은혜요, 하나님의 축복으로 믿고 힘차게 달려가고자 두 주먹을 불끈 쥐어 봅니다.

오 주여! 감사합니다.

■ 4월 7일 40일 금식기도 30일째 화요일 맑음

하나님 감사합니다!

벌써 뒷동산에 진달래가 만발했고 노란 개나리가 무척이나 아름다웠습니다. 은혜의 동산 기도원 정문에 목련꽃이 아주 보기 좋으며 농부들은 밭 갈고 농사 준비에 매우 바쁘게 움직이고 있습니다.

이런 때에 교회적으로는 사순절 기간이며, 우리 주님께서는 수난 받으시기 전에 갈릴리 바다를 중심으로 복음을 전파하셨고, 수만은 병자들을 고쳐주셨습니다. 그 주님의 모습이 내 눈에 선하게 보입니다.

벌써 40일 금식기도 30일째, 지나간 시간과 세월은 물 흐르듯이 빠르게 지나갔는데, 앞으로 남은 10일은 10년이나 남은 것같이 일각이 여삼추로 힘들고, 어렵고, 고달픕니다. 참으로 이 어려운 훈련 금식기도 과정을 통해서 예수님의 고난에 백만 분의 일이라도 동참해 보자고 시작은 했으나 날이 지날수록 하나님의 은혜에 그저 감사드리고 눈을 감아 기도만 드리면 흐르는 눈물을 감출 수가 없습니다.

오늘도 우리 신성교회에서 박귀만 장로, 이기우 장로, 권달삼 장로, 최인권 부목사, 이순재 권사, 이삼봉 권사, 이효차 권사, 주영란 권사, 박 집사 이렇게 와서 기도해 주었습니다. 큰 힘이 되었으며 이도영 목사님이 오셔서 다시 한 번 새 힘을 얻게 되었습니다.

따뜻한 봄날 오후 시간, 뒷동산에 아내와 같이 올라갔습니다. 땅속에서 새 생명이 태어난 것, 새싹이 올라오고 있는 것이 신기하고 놀랍습니다. 40여 년 전 내가 어렸을 때 봄동이라고 하는 밭에서 나오는 배추 싹과 파나물, 상추, 모두가 나에게는 큰 영향을 주는 주식들이었습니다. 그런데 그때 보리밭의 배추꽃 사이에서 날던 호랑나비, 흰나비는 볼 수 없지만 노랑나비 한 쌍이 내 앞을 나는데 내 마음을 기쁘게 합니다.

오늘은 펜 들기도 힘들고, 글씨도 왔다 갔다 잘 안 보이고, 글쓰기도 몹시 어렵습니다. 주여! 남은 금식 10일간을 꼭 승리하게 하옵소서!

■ 4월 8일 40일 금식기도 31일째 수요일 흐림

시간은 황금(Time is money)이라고 합니다. 그러나 시간은 황금이상입니다. 돈 주고 못 사는 것이 시간입니다. "만일 네가 네 인생을 사랑한다면 네 시간을 사랑하라 왜냐하면 네 인생은 시간으로 구성되어 있기 때문이다." 벤자민 프랭클린(B. Franklin 1706~1790)이 한 말입니다.

인간의 낭비 중에 가장 아까운 것이 시간 낭비입니다. 한번 가버린 시간은 다시 되돌릴 수 없습니다. 매일 24시간은 누구에게나 부여된 것이나 시간을 선용한 사람은 성공자가 되고, 남용한 자는 인생의 패배자가 됩니다. 세월은 사람을 기다리지 않고 시간은 화살처럼 쏜살같이 달아납니다. 그러므로 우리는 시간을 아껴 쓰고 시간을 사랑해야 합니다.

미국의 과학자요, 정치가요, 외교관이요, 문필가였던 벤자민 프랭클린은 인생에서 시간을 최대한 활용하고 선용하여 대업을 이룬 인물이 되었습니다.

오늘은 40일 금식기도 31일째 되는 날입니다. 벌써 은혜의 동산 기도원에 들어온 지 한 달이 지났습니다. 아직도 9일이 남았는데 너무나 멀고도 힘든 길입니다. 그러나 하루같이 기쁘고, 즐겁고, 감사한 마음으로 지나가게 하옵소서!

너무 힘이 들어 글을 쓰기가 어렵습니다. 오 하나님! 이 부족한 종과 함께 하옵소서. 어제 저녁부터 가슴이 터질 것 같아 고통의 시간으로 한밤을 지새워야 하는데 오늘은 어떻게 저녁을 보낼 것인가?

오늘은 이희랑 집사가 다녀갔습니다. 나에게 위로가 되고 큰 힘이 됩니다. 하나님 저들의 사업에 함께 하셔서 날마다 잘되게 하옵소서.

지금부터 하루하루는 정말 하나님께서 주시는 새 힘을 받아야 이길 수 있습니다. 오늘 하루도 함께 하신 하나님! 내일도 함께 하옵소서!

■ 4월 9일 40일 금식기도 32일째 목요일 흐림

하나님이 이 세상에서 선민을 택한다면 그것은 땅 위에서 땀 흘리는 사람들만이 하나님의 선민이 될 수 있을 것입니다. 미국의 독립선언서의 기초자요 제3대 대통령이었던 토마스 제퍼슨(T. Jefferson 1743~1826)은 다음과 같은 말을 남겼습니다. "일하는 사람, 생산하고 건설하는 사람, 개척하고 창조하는 사람, 이상을 추구하고 가치를 창조하는 사람들은 모두다 신의 선민에 속한다."

오 주여! 이 부족한 종이게 은혜 주서서 40일 금식기도 32일째를 무사히 잘 지내게 하셔서 하나님께 감사합니다. 어제 저녁은 구토 증세가 나타나서 뱃속의 똥물까지 다 넘어오는 어려움이 시작되었으나, 우리 주님 예수 그리스도의 십자가를 생각하면서 하룻밤을 보냈습니다.

오늘은 박귀만 장로 내외분과 박순옥 권사, 백정자 권사, 장덕순 집사, 석영실, 김인모, 고문덕 집사 등 많은 교우들이 다녀갔습니다.

남은 시간 8일을 하나님이 꼭 지켜주셔서 무사히 금식기도 40일을 마치게 하옵소서!

■ 4월 10일 40일 금식기도 33일째 금요일 비

오늘은 종일토록 봄비가 보슬보슬 내렸습니다. 창 밖을 내다보니 저 건너편 산에 목련화가 활짝 피어 한 잎 두 잎 떨어지고 개나리, 진달래가 만발하고 살구꽃, 복숭아꽃도 얼굴을 살짝 내밀고 있습니다. 생각 같으면 뛰어가서 사진도 찍고, 마음껏 등산도 하고, 뛰어 다니고 싶지만 오늘이 40일 금식 33일째인지라 글씨도 잘 보이지 않고 손도 떨리고 걸어 다니기도 몹시 힘듭니다.

어제 저녁은 가슴이 터질 듯이 아파서 온 밤을 지새우면서 의자에서 방에서 굴러다니면서 지냈습니다. 어제 저녁 비로소 예수님 십자가의 고난을 만 분의 일이라도 체험해 보았습니다. 내 죄 때문에 예수님께서 그렇게 양손과 양발에 쇠못이 박히고, 그렇게 고통스러운 가시관을 쓰시고, 창으로 옆구리를 찔려 돌아가셨구나 생각하니 눈물이요, 그저 하나님께 감사할 뿐입니다.

더 이상 글씨가 안 보이고 손이 떨려서 일기를 쓸 수가 없습니다. 40일 금식기도 일기를 여기서 마칩니다.

하나님 감사합니다. 승리하게 아옵소서! 아멘.

■ 4 월 20일 부활주일을 지내고 월요일 (40일 금식을 마치고 하산하면서)

은혜의 동산 기도원에 입산하여 3월 3일 저녁부터 40일 금식기도는 시작되었습니다. 금식기도를 하면서 수많은 기도의 응답과 환상과 갖가지 체험과 방언의 은사, 병 고치는 은사, 귀신이 떠나가는 은사를 예수 그리스도 안에서 허락하심을 하나님께 감사드립니다.

40일 금식 32일째 되면서부터 가슴이 쪼개질 듯이 아프고, 눕자니 온몸이 쑤시고 아파서 눕지도 못하고, 앉자니 엉덩이뼈가 아파서 앉지도 못하고, 서서 걷자니 힘이 없어서 걷기도 어려웠습니다.
그러나 하나님의 뜻이 계셔서 나에게 이러한 고난을 주신 줄 믿고 은혜의 동산 기도원 금식실 복도를 걸으면서 벽을 붙들고 한 걸음 두 걸음 밤새도록 왔다 갔다 하면서 예수님의 골고다 언덕의 십자가를 바라보고 예수님의 손과 발에서 한 방울 두 방울 떨어지는 핏방울로 내 몸의 머리부터 발끝까지 더러운 피를 씻어내고 예수님 피로 바꿔지는 순서와 시간들을 보냈습니다.

금식 32일부터 40일이 될 때까지 한잠도 못 자고 서서 왔다 갔다 하면서 '주안에 있는 나에게 딴 근심 있으랴', '내주는 강한 성이요 방패와 병기되시니' 찬송과 기도로 8일 동안을 보냈고, 4월 17일 금식을 마치는 날은 눈이 안 보여서 앞을 바라보기 어려웠고, 동치미 국물을 먹는데 무슨 맛인지 구분하기 어려웠습니다. 한 시간 후 숙변까지 모두 나오고 뱃속이 깨끗해졌고, 미음을 먹는데 무슨 맛인지도 잘 모르고 먹었습니다.
3일 동안은 눈이 보이지 않았고, 10여 일 동안은 말을 하지 못했고, 8일 동안은 계속 가슴이 쑤시고 아팠으며 발과 무릎에 힘이 없어서 걷지도 못했습니다.

기도원 하산부터 우리 신성교회까지 박귀만 장로는 자가용으로 편안히 나를 인도해 주었고, 이기우 장로, 권달삼 장로, 원강수 장로 모두 고맙고 감사하며, 권사님들과 안수집사님들께도 감사드립니다.

신성교회에 도착해서 본당에 모여서 예배를 드리는데 너무 감격하여 울면서 하나님께 예배드리고 집에 돌아오니 우리 아들 신이, 신영이, 소영이도 모두 반갑게 맞이해 주었고, 교회는 잔칫집과 같이 모두 기쁘고, 즐겁고, 감사한 마음으로 하나님께 영광을 돌렸습니다.

오늘은 금식이 끝나고 20일째 보호식을 하면서 하산하여 3일째 되는 날입니다. 아침기도 시간에 하나님의 음성이 들렸습니다. "상휘야. 너는 왜 8일 동안 가슴을 아프게 하고 잠을 재우지 아니한 줄 아느냐? 너를 살리려고 잠을 재우지 아니하였느니라." 만일 그때 잠을 자거나 자리에 눕기를 계속했다면 아무 힘이 없는 상태에서 일어나지 못했을 것인데, 처음부터 자리에 눕지 않게 하나님께서 인도하셔서 무사히 40일 금식기도를 마치고 은혜의 동산 기도원에서 부활예배를 드리고 좋은 성경책과 선물을 받고 기쁨으로 하나님께 영광을 돌렸습니다.

하산 후 두 번째 주일 낮 예배를 인도했습니다. 아직도 무릎과 발목이 시큰거려서 계속 서서 활동하기가 어렵습니다. 아직 20일 이상 보호식을 해야 하는데 아내와 어머님의 수고가 매우 큽니다. 감사할 뿐입니다.

　　금식을 마친 후 처음 한 주간은 미음을 먹고, 동치미 국물, 된장 국물로 주식을 하고 두 번째 주간부터는 생선과 상추와 양배추와 순두부, 수박, 참외, 딸기, 토마토, 여러 가지 과일을 곁들여 먹으면서 44kg으로 내려갔던 몸무게가 20일이 지나자 11kg이 늘어 55kg이 되었습니다.

　　하나님께서 거저 주시는 은혜를 무한히 받았고, 내 일생 계속해서 하나님의 영광을 위해 이 몸을 주의 제단에 바치고자 합니다.

　　할렐루야! 모든 영광을 하나님께 돌립니다.

40일 금식기도를 마치고 도림교회에서 간증집회